蒙台梭利早教方案

——0~3岁智力及语言系统训练全书

[意]蒙台梭利 | 著　　齐开霞 | 编译

Montessori's Preschool Education Guide

Intelligence & Language Training Strategies for
0~3 year-old Babies

北京理工大学出版社
BEIJING INSTITUTE OF TECHNOLOGY PRESS

图书在版编目（CIP）数据

蒙台梭利早教方案.0~3岁智力及语言系统训练全书 /（意）蒙台梭利著；齐开霞编译.—北京：北京理工大学出版社，2013.3（2020.3重印）

ISBN 978 - 7 - 5640 - 7102 - 8

Ⅰ.①蒙…　Ⅱ.①蒙…②齐…　Ⅲ.①婴幼儿–智力开发②婴幼儿–语言教学
Ⅳ.①G61

中国版本图书馆CIP数据核字（2012）第307006号

出版发行 / 北京理工大学出版社有限责任公司
社　　　址 / 北京市海淀区中关村南大街5号
邮　　　编 / 100081
电　　　话 /（010）68914775（总编室）
　　　　　　（010）82562903（教材售后服务热线）
　　　　　　（010）68948351（其他图书服务热线）
网　　　址 / http://www.bitpress.com.cn
经　　　销 / 全国各地新华书店
印　　　刷 / 三河市华骏印务包装有限公司
开　　　本 / 710毫米×1000毫米　1/16
印　　　张 / 21.5　　　　　　　　　　　　　　　责任编辑 / 申玉琴
字　　　数 / 266千字　　　　　　　　　　　　　文案编辑 / 施胜娟
版　　　次 / 2013年3月第1版　2020年3月第30次印刷　责任校对 / 周瑞红
定　　　价 / 38.00元　　　　　　　　　　　　　责任印制 / 李志强

作者照片

作者简介：

　　玛丽亚·蒙台梭利（Maria Montessori，1870–1952）是 20 世纪全球最著名的幼儿教育家之一，她所创立的、独特的幼儿教育法，对整个西方都产生了深远的影响，特别是欧美先进国家。现在，她的影响也急速地进入了东方。

　　1870 年 8 月 31 日玛利亚·蒙台梭利出生在意大利安科纳（Ancona）地区的基亚拉瓦莱（Chiaravalle）小镇。父母非常宠爱她，让她接受了良好的家庭教育。5 岁时，蒙台梭利跟着父母迁居到罗马，开始了她的求学生涯。1890 年，蒙台梭利进入罗马大学读生物。26 岁获得罗马大学医学博士学位，成为罗马大学和意大利的第一位女医学博士。

　　蒙台梭利在担任助理医生期间震惊地发现，意大利把智障儿童与精神病患者一起关在疯人院里，刹那间，她对这些儿童产生了深深的同情，从此以后，她就把自己全部的身心都投入到了儿童教育研究之中。她立志要将孩子成长的规律和关键彻底研究透彻，为世间所有的孩子——包括那些令她深深牵挂的智障儿童——找到一条最好的成长之路。

　　1898 年，在都灵召开的教育会议上，蒙台梭利发表了自己的演讲——《精神教育》，自此揭开了她对世界儿童教育界的影响大幕。

1907 年，蒙台梭利在罗马贫民区建立了蒙台梭利"儿童之家"。针对 3 ~ 6 岁的儿童，蒙台梭利运用独创的方法进行教学，取得了惊人的效果，轰动了整个欧洲。1909 年，蒙台梭利写成了《运用于儿童之家的科学教育方法》一书，一经出版便被译成 20 多种文字在世界各地流传，上百个国家引进。此后她还先后创作了《吸收性心智》、《了解你的孩子》、《发现儿童》等多部图书。她的教育理念为全世界所认同，在欧洲、美国甚至还出现了蒙台梭利运动。

蒙台梭利为促进儿童智力发展和实现世界和平奋斗了一生。为了表达对她的热爱和尊重，世界各国授予她很多荣誉和奖励，例如：法国的"荣誉社团会员勋章"；安科纳和米兰的"荣誉公民"的称号；荷兰阿姆斯特丹大学的"荣誉哲学博士"学位，苏格兰教育研究院的"荣誉院士"职位。1949 年、1950 年、1951 年连续 3 年获得"诺贝尔和平奖"候选人的资格。《西方教育史》甚至还称她为 20 世纪赢得欧洲和世界承认的最伟大的科学与进步的教育家。

1952 年 5 月 6 日，蒙台梭利女士逝世于阿姆斯特丹，享年 82 岁。

编译者序

送给爸爸妈妈的最好礼物！

随着生活水平的逐渐提高，人们越来越重视家庭教育的重要性。可在现实生活中，即使是已经接受了正规大学教育的人，在其初为人父、人母的时候，面对每天都有新变化，每天都在不断长大的孩子，依然显得有些束手无策。

为了让孩子接受最好的教育，我们不断寻找着；为了给孩子创造更好的家庭教育环境，我们不惜倾其所有——图书馆、网络，《卡尔威特的教育》、"冯德全系列"、《好妈妈胜过好老师》……银子花出去了，时间付出了，可是，对于如何教育好 0 ~ 3 岁的孩子依然是一头雾水，直至"蒙台梭利教育法"进入我们的视野。

意大利著名儿童教育家玛利亚·蒙台梭利女士认为，童年是孩子各项能力形成最重要的时期，是需要家长格外重视的——"孩子成长过程中没有比这个时期更需要家长帮助的了"。孩子某种能力成长的最佳时期在相应年龄阶段内，会出现、消失。当它们出现时，孩子在该方面的能力会有显著而关键的提高；当它们消失后，孩子在该方面的成长将会变得异常缓慢。这个时期蒙台梭利将之称为"敏感期"。如果忽视了敏感期针对孩子的训练，就会造成难以弥补的损失。为了让孩子健康快乐地成长，在敏感期获得最有效的针对性教育，家长就要为孩子创造良好的环境，采取正确的教育措施，及早进行教育，丰富儿童的成长、生活经验。

蒙台梭利抓住了孩子成长具有敏感期的特性，看到了心理发展是遗传与环境、教育协同作用的结果，证明了恰当的家庭教育可以纠正智力落后，更能使正常儿童智力发展，这就为我们找到了家庭教育的根本。

为了给新爸爸、新妈妈更多的指导性意见，我们决定以蒙氏著作为基础，编译了这样的一套综合性蒙氏介绍丛书。在本书中，选取了部分蒙氏著作精华，加以翻译、解读，使之更易于读者理解，更贴近我们的教育生活。与理论解读相配合的小游戏中，一部分是蒙氏游戏的翻译，其余部分则是在日常教学中根据时代发展的特征、儿童教育研究新成果总结研发而成的。具体内容上，本书主要包括语言训练、听力训练、口语训练、智力训练等部分，主要针对的是 0～3 岁孩子智力及语言发育敏感期。相信，面对嗷嗷待哺的孩子，发自内心希望给他们最好的教育，希望孩子能够有最美好未来的父母，一定会随这本书行动起来！

最后借用一句蒙台梭利女士的箴言陪伴您翻开本书：如果孩子在最初的发育过程中没有重视对敏感期的利用，甚至因故错过了某个敏感期，那么虽然他将来仍然可以长大成人，但由于未能充分发挥自身所具有的潜力，还会使得本来应该获得的完整能力系统残缺不全。再想将之补充完整也就不过是一个梦想罢了！0～3 岁，就是孩子语言及智力成长的最关键敏感期。

导　读

关于蒙台梭利教育法

　　今天，任何一位家长都希望自己的孩子能够接受最好的教育，越来越多的家长已经意识到了家庭教育的重要性。为了找到切实可行的家庭教育方法，家长们想尽了一切办法，上网查资料、购买图书、上培训课程……虽然每种教育方法、每种课程都能让家长受益，可是，没有一种教育方法像蒙台梭利教育法一样，受到人们的热切关注，越来越多的人将目光投向了蒙氏教育法。

　　那么，什么是蒙氏教育法呢？这种教育法能够给家长哪些启迪呢？

　　所谓"蒙氏教育"，是以意大利女性教育家玛丽亚·蒙台梭利的名字命名的。蒙台梭利认为幼儿具有巨大的潜能，生命的发展是走向独立的。他们会通过具体的练习，比如生活基本能力练习、五官感觉练习、智能练习（语言、数学、科学）等，形成健全的人格。20世纪40年代，蒙台梭利在世界范围内引起了一场幼儿教育的革命。

蒙台梭利的幼儿观

　　从发展的观点出发，蒙台梭利认为幼儿是一个发育着的机体，有着发展的心灵；幼儿时期是人的一生中最重要的时期。在不断的生长和发展变化过程中，幼儿的内部是自然发展的，比如生理发展和心理发展。

　　蒙台梭利认为，幼儿是一个"精神（心理）的胚胎"，每一幼儿都有一种创制本能、一种积极的潜力，能依靠他的环境构筑一个精神世界，所以，幼儿不仅是作为一种肉体的存在，更是作为一种精神的存在。幼儿的身体含有一种生气勃勃的冲动力，正是这种本能的自发冲动，赋予了他积极的生命力，促使他不断发展。

蒙台梭利教学法

蒙台梭利教学法是一种全面提升幼儿素质，发展幼儿潜能的教育方法，它巧妙地利用幼儿自身的成长要求，在不损害幼儿自由与快乐的前提下教育幼儿。

蒙台梭利认为，幼儿有着与生俱来的"内在生命力"，这种生命力是积极的、不断发展的，有着无穷的力量；教育的任务，就是激发和促进幼儿"内在潜力"的发展；幼儿既不是成人灌注的容器，也不是可以任意塑造的泥或蜡，父母必须认真研究，了解幼儿的内心世界，帮助幼儿获得身心的发展。

蒙台梭利认为，活动不仅能够使幼儿肌肉和肢体的动作变得协调，还可以促进幼儿身心的协调发展。幼儿通过自由选择活动，不仅磨炼了意志，增强了自制力、勇气和自信心；还培养了独立自主精神，受到了严格的纪律训练，同时也满足了幼儿的心理需要。

蒙台梭利非常重视幼儿智力早期开发，反对以教师为中心的填鸭式教育。蒙台梭利教育观坚持以"自我教育"为主，主张从日常的训练入手，配合良好的学习环境、丰富的教具，让幼儿主动学习、独立思考、自我发现、自我教育和成长。

事实证明，这种家长不教、幼儿自己探索的教育模式，比灌输式教育的效果要好得多。蒙台梭利班的幼儿，在6岁前不仅能轻松、愉快地掌握阅读及计算的基本能力，还可以掌握相当多的自然知识，最重要的是对学习产生了浓厚的兴趣。

蒙氏教育的原则

把握敏感期的学习

0～6岁的幼儿，在不同的成长阶段，会出现对不同事物偏好的各种"敏感期"。蒙台梭利科学幼教法告诉我们，要掌握幼儿的"敏感期"，为他们提供适当的学习机会；要放弃传统的教育方法，给幼儿提供适时的引导，让幼儿成为教育的主体。

提供充分的教具

蒙台梭利认为，幼儿是靠感官来学习的，给他们提供的良好刺激越多，越能将他们的内在潜能激发出来。所以，为了激发他们自我学习的兴趣，可以营造一个适合幼儿成长的环境，给他们提供丰富的教材，比如自然的、人文的。

父母才是关键

幼儿的教育，并不只局限在学校，而是无所不在的。家长不仅要学习先进的教学理念与教学方法，还要和幼儿一起学习，增进亲子感情，促进亲子交流。

不"教"的教育

蒙氏主张，要为幼儿建立良好的学习环境，给他们提供丰富的教具，让幼儿主动去接触、研究，激发他们的智慧。

以幼儿为主

蒙氏教室为幼儿打造的是一个以儿童为中心的"幼儿世界"，在这里，他们可以独立"做自己"。

幼儿智力发展的"敏感期"问题

蒙氏观点认为，在幼儿的心理发展过程中会出现各种"敏感期"，"正是这种敏感期，使幼儿用一种特有的强烈程度去接触外部世界。在这些'敏感期'，他们对每种事情都容易学会，对一切都充满了活力和激情。"那么，都有哪些敏感期呢？

秩序的敏感期

从出生的第一年，幼儿就会出现对秩序的敏感，一直持续到 4 岁。这是幼儿的一种内部的感觉，主要用来区别各种物体之间的关系，而不是物体本身。

细节的敏感期

在 2 ~ 3 岁时，幼儿会表现出对细节的敏感，他们会将自己的注意力集中在最小的细节上。这就表明，幼儿是具有一定的精神生活的，和成人具有两种不同的智力视野。

协调性敏感期

这是在幼儿发展中最容易观察到的一个敏感期。幼儿通过个人的努力学会走路，并逐渐取得平衡和获得稳健的步伐，这种协调性会在 2 ~ 3 岁时出现。

触觉敏感期

幼儿对触觉有了敏感，会朝外界的物体伸出小手。正是通过手的活动，才让幼儿的自我得到发展，才让他们的心灵得到发展。

语言的敏感期

2 个月左右的时候，幼儿开始吸收语言。在他说第一句话时，并不需要为他准备特殊的东西。在蒙台梭利看来，语言能力的获得和运用，是幼儿发展智力的一种外部表现。

幼儿智力发展的"敏感期"问题，是蒙台梭利的一个重要发现，对幼儿早期教育具有重要意义。蒙台梭利发现，幼儿在 3 岁之前的不同阶段对语言动作、细节、程序、阅读、书写等会分别表现出强烈的敏感，这段时期的学习是容易的、迅速的，如果家长能够抓住这个教育的绝好机会，定然会对幼儿未来的发展产生重要的影响。

目 录 *contents*

第一章　开发幼儿智力发展的阀门
——蒙台梭利语言训练

蒙台梭利认为，语言，不仅对幼儿的心理健康发展、社会性发展，还对幼儿的智力发展都有着重要的作用。0～3岁，是幼儿语言发展的关键期，这时候的培养将严重影响着幼儿的语言发展，所以要想为孩子将来的发展打下基础，就要给他多些相应语言的刺激。

第二章　培养幼儿准确表达的前提
——蒙台梭利听力训练

蒙氏观点认为，0～3岁是幼儿语言发展最迅速的时期，语言的发展在这个时期具有重要的意义，而要想提高幼儿的语言能力，首要条件就是要有敏锐的听力。所以，积极寻找适合幼儿的游戏来训练幼儿的听力成为了一种必需。

第三章　编织幼儿人际交往的纽带
——蒙台梭利口语训练

幼儿在 3 岁之前，大脑的发育进步是神速的。幼儿的口语发育就像他的身体发育一样，经过不同的阶段，会一步步地成长起来。蒙台梭利认为：一个人的智力发展和他形成概念的方法，在很大程度上取决于他的语言能力。因此，从小培养幼儿的语言能力，对他智力的发展是至关重要的。

第二部分　2 岁幼儿口语训练小游戏

第三部分　3 岁幼儿口语训练小游戏

第四章　奠定幼儿一生发展的根基
——蒙台梭利智能训练

　　蒙台梭利教育观认为，科学研究表明，婴儿出生后的头三年里大脑发育最快。在这一关键时期，如果能够有的放矢地实施早期教育，不仅可以有效促进大脑的发育，还可以有效促进幼儿的智力发展。要警惕的是，当敏感期消失之后，心智上的进步只能通过思维的加工、主观的努力和不倦的研究才能获得。因此，在敏感期内，如果幼儿生理和心理需求受到妨碍，就会失去最佳时机，使智力发育受到影响。

第五章　打开幼儿智力活动的门户
——蒙台梭利注意力训练

幼儿注意力的培养不仅关系到幼儿智力的发展，还会对幼儿学习的效果产生影响。而在注意力的养成方面，幼儿注意力的形成虽然与先天的遗传有一定关系的，但后天的环境与教育的影响更为重要。所以，家长要根据幼儿的身心发展规律与特点，为他们创造良好的教育环境，从幼儿一出生就有意识地培养他们的注意力，帮助他们养成良好的注意品质与能力。

第一部分　1 岁幼儿注意力训练小游戏

第二部分　2岁幼儿注意力训练小游戏

第三部分　3岁幼儿注意力训练小游戏

第六章　帮助幼儿获取知识的途径
——蒙台梭利观察力训练

通过多年的研究，蒙台梭利发现，0~3岁幼儿的观察力发展有着别样的特点。观察力是人们通过眼、耳、鼻、舌、身感知客观事物的能力，对0~3岁的幼儿来说，也是完成学习认知的必备能力。幼儿的学习认知是从观察开始的，即使是间接地从书本上获得知识，也离不开眼睛、耳朵等感觉器官的观察活动。要想让幼儿具有超出一般水平的思维能力，就必须使幼儿从小养成仔细观察的习惯，提高观察力。

第三部分　3 岁幼儿观察力训练小游戏

第七章　开发幼儿智力潜能的关键

——蒙台梭利记忆力训练

幼儿的记忆力是随着年龄的增长而增强的，如果父母能够寻找一些积极有效的方法，就可以有效提高他们的记忆力。0～3岁幼儿的习惯化，是他们最初的记忆；之后，他们就会出现条件反射，对某些条件刺激物作出条件性反应。随着幼儿的渐渐长大，他们记忆的内容也会慢慢地复杂起来，表现出不同的特点。

第一部分　1岁幼儿记忆力训练小游戏

第二部分　2岁幼儿记忆力训练小游戏

第三部分　3岁幼儿记忆力训练小游戏

第八章　促进幼儿知识进化的源泉
——蒙台梭利想象力训练

一般来说，幼儿在1岁之内是没有想象的，1～2岁会出现想象的因素，2～3岁想象会有所发展，可还是处在初级阶段。3岁以后，幼儿的想象也没有预定目的，没有主题……基于这些特点，蒙台梭利认为，可以通过多种途径培养幼儿的想象力。要注意的是，幼儿想象力的培养和发展不是一蹴而就的，爸爸妈妈要根据幼儿的年龄特点采取适合幼儿的有效方法，要提供条件丰富幼儿的生活经验，鼓励幼儿充分发挥想象能力，引导幼儿把自己的生活经验融入到想象活动中。

第三部分　3 岁幼儿想象力训练小游戏

第一章
开发幼儿智力发展的阀门
——蒙台梭利语言训练

蒙台梭利认为，语言，不仅对幼儿的心理健康发展、社会性发展，还对幼儿的智力发展都有着重要的作用。0～3岁，是幼儿语言发展的关键期，这时候的培养将严重影响着幼儿的语言发展，所以要想为孩子将来的发展打下基础，就要给他多些相应语言的刺激。

0～3岁幼儿语言发展里程碑

0～3岁，是幼儿语言发展的里程碑，对于幼儿的语言发展有着举足轻重的作用。一般来说，幼儿的语言发展都要经历这样几个阶段：

1. 语言基础的建立

婴儿出生后的第一声啼哭是他最早的发音，在以后的3个月里，婴儿会以各种自发的声音来表示自己身体和情绪方面的状态，比如高兴、舒服的时候，他们会发出"哦""噢"等声音；而不高兴、不舒服时，则会发出"呃""嗯"等声音。

当婴儿长到6个月时，会发出一些不具有任何意义的长音，比如"啊……""哦……"等。当婴儿长到7～8个月的时候，就能发出"妈—妈—妈""哒—哒—哒"等连续音。

需要说明的是，这时候，不管婴儿发出什么声音，都只是发音机能上的锻炼，在为语言练习做准备。

2. 语音和动作的连接

婴儿长到7～8个月后，就能对一些特定的语音做出相对稳定的反应了，比如，如果有人叫他们的名字，他们会回过头来回应，或者用微笑来回应；如果有人对他们说"再见"，他们听到后会摆手，听到"欢迎"则会拍手……所有的这些都是婴儿语言条件反射建立的表现，这就使得婴儿有了与成人沟通、交往和学习的可能性。

婴儿长到9～12个月的时候，就会表现出一定的模仿语言的能力。当妈妈张大嘴说"啊……"的时候，婴儿也会学着妈妈的样子张大嘴说"啊……"，这种发音是有意识的，是学习说话的开始。这段时期，家长一定要重视和婴儿说话的重要性。不要以为婴儿听不懂，其实他们能够感知声音、积累发音，对婴儿来说，这些都是非常重要的。

3．说出容易发音、有一定意义的字

幼儿到了1岁～1岁半，就可以逐渐说出一些有意思的话了。这时候，身边的一切对他们来说都是神秘的、充满乐趣的，他们会逐一地学习发音，逐渐掌握一些常用词汇，比如"妈妈""水水""球球"等。他们会将这些学来的话记在心里，将它们作为一种沟通工具。

可是，这时幼儿说出来的绝大多数都是一些具有多种意义的重叠名词，比如"娃娃"既可以表示"我要娃娃"，也可以代表"娃娃不见了"；有时他们会以"声音"的特征来代称某一事物，如"嘀嘀嘀"可以象征"这是车车""车车来了""我要车车"等意思，成人往往只有在具体的情景下才能理解。

这时候，幼儿虽然还不能自己说话，可是，却能理解成人说出的大部分话，只要家长说句"拿杯杯来"，他们通常都能将身边的塑料杯给你拿过来。

幼儿到了1岁半～2岁，会说一些双字语句和多词句，比如"果果""桌桌""走走"等。这时候，他们会在模仿成人的基础上学习语言的意义。当然，他们的语言组织还不够有条理。

4．开始与人沟通

到2岁～2岁半，幼儿会掌握一些常用的基本词汇，就可以说一些简单句了。这时候，他们能够比较清晰地、准确地回答一些简单的问题，能用"糖果、妈妈、给、果果、好大、好吃"等语句来表达自己的想法。

这个阶段的幼儿，一般都喜欢和他人交谈，很好问，经常会将"是什么"等问题挂在嘴边。他们之所以要这样发问，不仅是想知道"这是什么东西"，也是他们与成人沟通的需要。

这时候，幼儿经常会模仿妈妈说过的话，表达自己的想法。如果他们曾听妈妈赞扬过自己："对了，××真乖！"当妈妈回答了他们的问题时，他也会说："对了，妈妈真乖！"

在不断的沟通与交流中，幼儿的词汇、口语会取得较大的进步，比如"你、我、他"人称观念的建立，能了解语词所代表的意义等。

5. 语言逐渐活泼

2岁半～3岁的幼儿，能使用更多的句子来表达自己的想法，讲述自己的所见所闻。虽然在讲述时也会发生一些词语的错漏现象，但已经能够使用"因为""所以""如果""以后"等连接词。

这个阶段，幼儿往往都有着非常强烈的好奇心，他们会时不时地问妈妈"为什么"，经常会搞得妈妈"很烦"。可是，只要遇到问题他们就会"打破砂锅问到底"。

到了3岁末，幼儿的语言能力会得到飞速的发展，他们可以通过语言来认识一些直接经验得不到的东西，比如在听故事的过程中，可以知道"雪是白色的""雪是冰凉的"；还可以通过"等等我！"等有声语言来显示其思维的结果，使活动更有目的性。

父母是婴幼儿最佳的语言教师，要对0～3岁幼儿语言发展阶段的各种特点多一些了解。事实证明，家长只有对家庭语言教育和训练的策略有所了解，才能利用这种亲子关系对婴幼儿进行语言教育。

第1节 概述蒙台梭利幼儿语言教育理论

蒙台梭利认为，0～3岁幼儿的大脑正在逐步发育成熟，具有非常强的可塑性，所有的神经联系都非常容易建构。幼儿早期语言的发展与教育是非常必要的，也是非常重要的。

语言与思维有着密不可分的联系，幼儿对生活中的各种事物、人物的认识、概括、推理、判断、记录、想象等都离不开语言的表述。语言的发展是婴幼儿智力发展的表现，是区别其智力发展的重要标志。

除此之外，语言还能帮助婴幼儿感知事物，促使他们有意识地去注意环境、记忆所见所闻、产生丰富的想象。从这个意义上来说，婴幼儿语言能力的发展可以进一步促进其智力的发展。

语言教育是蒙台梭利教育理论与实践体系中的重要组成部分。蒙台梭利认为，婴儿从出生开始，不仅是一个生理的肉体，还是一个精神胚胎，具有获得自然社会信息与信息反馈的本能。她把婴幼儿这种天生的猎取与反应功能称为"吸收性心智"。

蒙台梭利认为："这是人类所具有的超高智能展现。"她认为，在出生后的前几年，特别是在2岁半以内，幼儿学习语言的能力是惊人的。虽然大人没有对其进行任何的指示或教导，通常婴幼儿都能遵守发音的规则，学会他的母语，并掌握基本语法。

同时，也认为，成人如果不去好好利用婴幼儿这种自发的吸收性心智，不注意培养幼儿对周围复杂环境的认识和语言表达能力，忽视了幼儿语言学习的敏感期，就会给幼儿语言能力的发展带来不可弥补的损失。

幼儿语言教育不是孤立于其他活动的，不仅包含在独立的教育活动中，更会经常性地融合在日常生活的练习之中，在感觉、数学、科学和艺术等教育中也同样包含着语法、语句的学习、理解与运用。因此，在各个领域的练习中，都要注意幼儿语言表达的准确性；一旦发现幼儿运用语言不正确、不规范，就要对其进行及时纠正。

语言是人与人之间相互交流的工具，家长们要鼓励幼儿在生活中与小伙伴交往，共同合作，交流情感，从而促进其社会性行为和品质的发展。从这个意义上来说，不管是从生理发展需要来看，还是从社会性发展需要来看，都要重视幼儿语言的发展。

第 2 节　抓住蒙台梭利所述的幼儿语言敏感期

蒙台梭利认为，幼儿对于特殊的环境刺激有一定的敏感性；这种敏感性，与生长现象有着密切的关系，并和一定的年龄相适应："正是这种敏感性，使幼儿以一种特有的强烈程度接触外部世界。在这一时期，他们能够容易地学会每样事情，对一切都充满了活力和激情。同时，幼儿不同的内在敏感性，让他们能够从复杂多变的环境中选择对自己生长适宜的东西……使自己对某些东西敏感，而对其他东西无动于衷。"

根据长期的观察和研究，蒙台梭利指出，0～3岁是幼儿的语言敏感期。在这个年龄阶段，幼儿不仅会注视大人说话的嘴型，还会发出牙牙学语的声音。这个年龄阶段，他们对语言学习较为敏感，也比较容易，因为这是自然所赋予的语言敏感力。

0～3岁的幼儿在学习语言时，经常会出现这样一些现象：

1. 永远不会感到疲倦

现代社会，几乎每个家庭都只有一个孩子。如果家中有爷爷、奶奶，那么，四个大人就会轮番上阵。在2个多月时，婴儿只要一睁眼，只要有人陪他说话，他就会像一只小鸟一样聒噪不安。虽然这时候的婴儿，只会咿咿呀呀地练习发声，但他们还是会不知疲倦地和你"说话"。

2. 语言活动是秘密进行的

为了提高幼儿的语言能力，有些家长会为孩子报一些语言训练的辅导班。其实，家长并不需要为婴幼儿拟定一个从出生就开始学习语言的紧密课程，只让他生活在成人的世界中，有时间就陪他说说话，日积月累，他们就会炮制出我们的语言，甚至会创造出一些新名词。

3. 熟悉妈妈的声音

在蒙台梭利《生命重要的前三年》一书中，提到过这样一个观点：胎儿在母体中 6 ~ 7 个月的时候，听力已经发育完全，可以听到外界的声音。所以，婴儿一出生就能认出妈妈的声音，但他们听到熟悉的母音时，会转头寻找声音的来源。由此可见，即使是刚出生的婴儿，也能从妈妈的回应中，慢慢建立起自己的沟通模式。

蒙台梭利认为，语言是自然赋予人类的一种本能，有着超乎自然的部分。很多成年人，往往都不会刻意对幼儿进行教育，可是，对幼儿来说，语言却是人间最美妙的音乐。在他们生命中有着一种自发的力量，即使还不能将语言讲出来，也会对这些信息进行吸收和储藏。

家长要把握幼儿的语言敏感期，对其进行适当的教育。只有在适当的敏感期内给幼儿相应的刺激，才能为幼儿将来的发展打下良好的基础。要想实现这个目标，就要扩大幼儿与外界的接触，为其提供一个有利环境。

第 3 节　了解蒙台梭利语言教育的目的和意义

蒙台梭利经过大量的实验，最终发现幼儿在 3 岁左右时，语言意识会明显发展起来，他们会自觉地学习语音、词汇和组词造句的规则。可是，语言教育在幼儿阶段是随时进行的，并不是简单的集中授课。

语言，不仅对幼儿的心理健康发展、社会性发展，还对幼儿的智力发展都有着重要的作用。其重要的意义主要体现以下几方面：

1. 提高幼儿的社会交往能力

随着社会的发展，口语水平成了衡量一个人能力高低的重要指标之一。语言表达能力好的幼儿，一般都善于和他人交往，能够与他人进行正确的交流。要想让幼儿用清晰简洁的语言表达出自己的观点和见解，就必须从小培养。家长要通过正确的、有效的语言教育，使幼儿尽快学会与人交流沟通，让他们学会用语言表达自己的思想感情。

2. 促进幼儿一生的发展

这一时期，幼儿的听觉器官、发音器官逐步发育完全，具备了发出正确语音的的条件，幼儿期的语言教育在家庭中具有举足轻重的地位。幼儿时期，是人一生中掌握语言最迅速的时期，也是最关键的时期。如果幼儿从小就具有良好的语言表达能力，不仅会促进其他各方面的发展，也会对他们的一生发展起到有力的促进作用。

3. 有效促进幼儿认知能力的发展

在人的认知过程中，语言起着非常重要的作用。在掌握语言之前，幼儿要想认识一个物体的特征，必须对该物体的各个部分和特征逐一进行详细的感知，比如用手摸摸、抓起来看看、放进嘴里咬咬等。只有掌握了语言，认知才能发生质的变化，如果在 0 ～ 3 岁语言能力得到了发展，就会对环境、对自我、对他人的认识更加清晰、更加理性。

第4节　熟悉蒙台梭利幼儿语言教具及其使用方法

蒙台梭利幼儿语言的教具有很多种，分别有着不同的使用方法，具体来说：

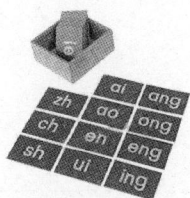

双字母砂字板。

通过视觉与触觉结合的方法，学习字母的名称及笔顺，为书写做准备。

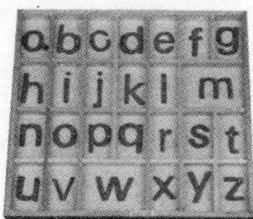

活动字母箱。

建立秩序感，通过视觉与触觉结合的方法，直观认知字母。

熟悉字母，练习拼音的拼写。

印刷字母卡。

由大小写印刷字母各5套、布袋2个组成，认识字母大小写的印刷体，掌握字母与卡的配对。

拼音结构练习。

练习音节的整体认读。

练习汉语拼音的正确组合，掌握拼音的拼读规律。

砂纸字母板。

由大小写砂纸字母板各 26 块组成，通过触摸认识字母，为书写做准备。

偏旁砂字板。

通过触觉认识偏旁部首。

笔画砂纸板。

通过触觉认识汉字笔画。

第二章
培养幼儿准确表达的前提
——蒙台梭利听力训练

　　蒙氏观点认为，0～3岁是幼儿语言发展最迅速的时期，语言的发展在这个时期具有重要的意义，而要想提高幼儿的语言能力，首要条件就是要有敏锐的听力。所以，积极寻找适合幼儿的游戏来训练幼儿的听力成为了一种必需。

0～3岁幼儿听力发育全扫描

蒙氏观点认为，0～3岁幼儿的听力发育会经历这样一些阶段，如下表所示：

阶段	特点
0～30天	● 清醒时，听到声音后，会不停地转动眼和头去寻找声源。 ● 听到友善或熟悉的声音时，会停止哭泣，喜欢听母亲的声音。 ● 听到突然的响声后，会将两臂屈曲抱在胸前，四肢抖动，并做出眨眼动作
2～3个月	● 大人用语言引逗他，他能听到，并做应答式的回答，比如"哦""啊""唉"等。 ● 已经能够倾听周围的声音，比如说话声、乐器声等。听到之后，会将头转向一边。 ● 听到柔和、悦耳的音乐时，会露出笑容，安静地听。听到刺耳的音乐时，会全身乱动，显得烦躁不安
4～5个月	● 对愤怒的声音感到害怕，可是，对会发声的玩具很感兴趣。 ● 大人在婴儿耳后的一侧摇铃，他们会转过头来，向发声的方向寻找声源。 ● 能够分辨出熟悉和不熟悉的声音，听到母亲的声音会特别高兴，眼睛会朝着发出声音的方向看
6～7个月	● 能够模仿各种不同的声音。 ● 已经能够感知习惯的语声，比如，知道自己的名字。 ● 当大人叫婴儿名字时，听到后，会转向呼叫人，并用微笑表示应答
8～9个月	● 能够理解简单的语言。 ● 可以逐渐根据声音来调节、控制行动，逐步学会倾听声音。 ● 逐渐能够听懂几个字，比如家庭成员之间的称呼

续表

阶段	特点
10～12个月	● 能够随着音乐摆手，能寻找到视线之外的声音。 ● 能对简单的语言做出反应，比如：爸爸、妈妈、乳名等。 ● 听到大人的指令后，能够指出自己的五官，比如：眼睛、耳朵、嘴等。 ● 能够和大人一样判断声音的来源，词语的感觉能力增强
1岁半	● 能寻找到隔壁房间里的声音。 ● 在大人的指导下，已经学会叫爸爸、妈妈、爷爷、奶奶等。 ● 会说出自己的需要，比如，拿、走、外、吃、猫、狗等
2岁	● 不管大人让做什么，都能够照办，能重复说过的字，能说一些短句。 ● 已经学会一些简单句，会说3～5个字的短句，比如："妈妈抱抱""我喝水"等
3岁	● 幼儿的语言能力获得飞速发育，词汇逐渐丰富起来，会使用一些复合句。 ● 可以说出一些8～10个字的句子，比如："妈妈带我去幼儿园"等。 ● 能够唱儿歌，叙述简单的事情

第 1 节　明确训练听力对幼儿表达能力发展的意义

蒙台梭利告诉我们，一个人必须先有了听力，再经过语言学习才会说话。一个正常的婴幼儿，如果出生后被放在一个不与任何人接触的环境里，没人教说话，是永远学不会说话的；一个听力有障碍的婴幼儿，即使生活在说话的环境里，可是也学不会说话。

婴幼儿的语言表达能力的发展和听力发育有着密切的关系，如果想了解婴幼儿的听力是否正常，就可以使用语言发育测试这张"晴雨表"。那么，训练听力对幼儿表达能力的发展都有哪些重要意义呢？

1．有助于语言学习

妈妈的声音是幼儿听力发育的"营养素"，即使开始的时候还听不到新生儿的语言或发声，他却一直在听着妈妈的声音。幼儿牙牙学语时，妈妈的声音对其智力发育相当重要，因为幼儿最早的智力活动就是学习语言。

这时候，对周围世界的认识、思维能力的形成，都是通过学习语言来实现的。如果不对幼儿进行听力训练，没有激发出幼儿的听力潜能，一旦幼儿的听力出现问题，如何来进行语言学习呢？

2．有助于表达能力的开发

听力对语言的发育起着决定性作用。幼儿学习语言的黄金时期是 1 ～ 3 岁，如果此时不接触声音、不进行言语交流，或听力出现问题，势必会造成语言发育障碍。一旦语言出现障碍，必然会给日后的学习和人际交往带来障碍，严重者还会影响智力发育。

心智出现了问题，怎么能正确表达自己的意愿？所以，为了培养出心智健全的幼儿，家长就要重视幼儿的听力训练，不能以不了解为借口推脱掉，更不能以没有时间为由忽视对幼儿的训练。

3. 有助于培养幼儿的音乐灵感

幼儿天生就对节奏很敏感，对悦耳的音调或语调也同样敏感。不管是哪种语言，幼儿最初学说话的时候能比成年人分辨出更多的语句，所以要注意培养幼儿的听力。事实证明，有了好的听力，幼儿的音乐感才会增强，才能丰富自己的语感，增强表达能力。

第 2 节　寻找让幼儿听力更敏锐的方法

学习是一门技能，而是否会听，是否能成为一名好听众，将是幼儿在以后的学习中取得进步的关键因素。蒙氏观点认为，0 ～ 3 岁是幼儿语言发展最迅速的时期，听力发展在这个时期具有重要的意义。那么，如何让幼儿的听力更敏锐呢？

1. 多听音乐，潜移默化

很多世界名曲乍一听都有点单调，但是如果耐心听，则会百听不厌。音符飘动的变化传达着情绪，幼儿会不知不觉地领会和捕捉。这种领会和捕捉的能力，在生活中会让她欣赏更多大自然的天籁，对他来说，风的声音、鸟的鸣叫，甚至汽车的喇叭都是有趣的。

另外，要让幼儿听一些节奏感强的、明快的儿歌，让幼儿和着音乐节拍一起舞蹈，也是一种训练。

2. 聆听世界的声音

周末或节假日，可以带着幼儿出去玩。看到有趣的事情，可以一边玩耍，一边和幼儿说"老虎是怎么叫的啊？""汽车喇叭声音好大哦。""这是哪里传来的音乐啊？"……

事实证明，通过这种不断的问答，可以唤醒幼儿的耳朵，不仅会让幼儿获得一种美的享受，还可以发展其听力。

3. 电视声音不要开太大

今天，很多家庭都是隔代抚养，闲来无事的时候，老人们往往会看看电视。其实，这里面也有一个问题，那就是电视的声音开得很大。老人年纪大了，耳朵不免有些背，习惯把电视声音开得很大。而幼儿的耳膜是很娇嫩的，长时间听高音，不仅会伤害到耳朵，时间长了，幼儿就会适应这种大音量，听什么都要高分贝，会给将来的生活及学习带来不利。

4. 声情并茂读绘本

0～3岁的幼儿一般都喜欢听家长阅读绘本。为了有效促进幼儿听力的发育，家长要声情并茂地阅读。比如念到小动物说话就可以细声细气一些；念到爸爸说话就粗声粗气；看到山羊，就模仿山羊叫一声；念到小蝌蚪找妈妈时，声音可以变得低沉、忧伤……

幼儿时而哈哈大笑，时而跟着皱眉，这种潜移默化能够加强幼儿耳朵捕捉信息的能力。

第3节 走进幼儿听力训练游戏大乐园

第一部分 1岁幼儿听力训练小游戏

1. 逗引发声

游戏目的：

利用幼儿喜欢人声的特点，逗引他多做发声练习。

所需道具：

无。

跟我一起这样做：

1. 将幼儿放到床上，家长和幼儿面对面坐在床边。

2. 游戏开始，妈妈对着幼儿说："喔……"

3. 幼儿根据发音，迅速回应："喔……"

游戏延伸：

当幼儿会发这些简单的象声词时，可以扩大范围，引导幼儿感受各种各样的声音。

游戏提示：

做这个游戏，既可以和幼儿面对面坐着，也可以将幼儿抱在怀里。

游戏的时间不需要太长，幼儿年龄小，一般不会坚持太长时间。

要让幼儿看到家长的口形，时间长了，就会刺激他进行模仿。

🔊 **听听专家怎样说：**

幼儿快乐的情绪是发音的动力，家长完全可以利用逗幼儿玩笑的时候，引导他们感受各种各样的声音。在逗幼儿的时候，记得用温柔的语调；如果声音又粗又高，容易吓到幼儿。

2.幼儿转头寻物

游戏目的：

用说话的声音、玩具发出的声音吸引幼儿转头寻找，激发其听力。

所需道具：

会唱歌的玩具。

跟我一起这样做：

1.床上，家长把一个会唱歌的玩具放到幼儿的身边。

2.妈妈将玩具的开关打开，让其唱歌。

3.幼儿根据发音，转头寻找发声物。

游戏延伸：

妈妈可以在另一边拍手，当幼儿听到拍手声的时候，也会自动转头。

游戏提示：

不管是拍手，还是玩具的声音，都不能太大，声音大小要适合幼儿，以免伤了他的耳朵。

听听专家怎样说：

当幼儿在听觉上已经具有一定的辨别方向的能力时，父母可以在他身旁的不同方向用说话的声音、玩具发出的声音来逗他转头寻找。通过这样有意的训练，幼儿的听力就会被激发出来。

3.跟我哼哼哼

游戏目的：

训练幼儿对音乐的反应，增加幼儿对声音的敏感性。

所需道具：

童谣（或音乐）。

跟我一起这样做：

1. 床上，幼儿坐在妈妈的怀里，妈妈一边拍手，一边哼唱童谣："小老鼠，上灯台，偷吃油，下不来。喵喵喵……猫来了，叽里咕噜滚下来。"

2. 幼儿朝发出声音的方向转头。妈妈问幼儿："好听吗？"

游戏延伸：

如果家里条件允许，可以给幼儿播放一些童谣和音乐，妈妈和幼儿一起学习。

在哼唱童谣的时候，可以结合一些动作来进行，比如唱到"小老鼠，上灯台"的时候，可以给幼儿做些小老鼠的动作，激发其兴趣。

游戏提示：

慢慢地让幼儿熟悉一些旋律，当幼儿能够朝发出声音的方向转头时，可以面对面地哼唱一些他所熟悉的曲子，并观察他的反应。

如果幼儿的表现不够理想，父母平时要多哼唱一些儿歌和童谣，吸引幼儿的注意。

听听专家怎样说：

0～1岁的幼儿会发声，会对熟悉的童谣或音乐有反应。听音乐与儿歌是练习幼儿听力的一种重要方法，要经常鼓励幼儿听一些儿歌，以此来激发他们的听力，丰富他们的听力内容。

---

4. 声音是从哪里发出来的

游戏目的：

寻找声音，练习幼儿的听力反应。

所需道具：

音乐盒。

跟我一起这样做：

1. 将音乐盒放在客厅的地板上，将幼儿放在距离音乐盒 2 米远的地方。

2. 妈妈打开音乐盒，播放出声音"叮叮当，叮叮当，铃儿响叮当……"

3. 幼儿循着音乐，匍匐前进。

游戏延伸：

开始的时候，可以把音乐盒的声音调到最大，随着游戏的继续再将音乐盒的声音逐渐调小。

游戏提示：

调声音的时候，不能超过幼儿的听力接受范围。

听听专家怎样说：

6 个月～1 岁，是幼儿听觉发展的黄金时期，妈妈可以示范拍手给幼儿看，让幼儿模仿。在幼儿 8 个月大会爬时，可以将音乐盒藏在一个地方，让幼儿自己去寻找，看他会不会在音乐停止前找到。

5. 音乐铃叮零零

游戏目的：

辨别不同的音乐铃声，辨别不同的声音。

所需道具：

5～6 个音乐铃。

跟我一起这样做：

1. 卧室里，挂 5～6 个音乐铃。

2. 妈妈依次拉下拉环，音乐
铃发出声音。

3. 让幼儿辨认哪一个音乐铃
的铃声停止了。

游戏延伸：

随着幼儿辨别能力的不断提
高，可以多增加几个音乐铃，让幼
儿辨认。

游戏提示：

音乐铃最好不要同时打开，这样，就不会出现两个音乐铃同时停止的情况。

听听专家怎样说：

等到幼儿会站立时，可以将声音和玩具结合起来，训练幼儿的听
力。上面的这个游戏，促使幼儿循着声音去寻找，可以有效实现这一
目标。

6. 这是什么

游戏目的：

训练幼儿对声音的回应，增强幼儿对声音的模仿力。

所需道具：

图片或者玩具。

跟我一起这样做：

1. 把幼儿抱在怀中，拿图
片或玩具与其互动，说："狗熊。"

2. 妈妈举着狗熊玩具问幼
儿："这是什么？"

3. 幼儿尝试模仿声音：

狗熊……

这是什么？

"狗熊……"

游戏延伸：

可以扩大认识的范围，将生活中常见的物品或小动物指给幼儿看。

家长还可以模仿动物的叫声，让幼儿意识到动物名称与叫声之间的关系。

游戏提示：

如果幼儿在游戏中的表现还不够理想，最好延长与其互动的时间，并让声音更加富于变化，或加上玩具作为辅助，尽量吸引幼儿对声音的注意。

听听专家怎样说：

0～1岁的幼儿会发声回应成人的话语。对幼儿来说，语言学习的启蒙老师就是主要照顾者。因此，父母一定要多花时间与幼儿互动，让他从中获得大量的声音刺激与模仿的机会。

---

7. 洗刷刷

游戏目的：

训练幼儿对声音的辨别，增强幼儿对声音的模仿能力。

所需道具：

澡盆和水。

跟我一起这样做：

1. 妈妈在给幼儿洗澡时，与幼儿对话，比如"洗洗胳膊""洗洗肩膀"之类的短句。

2. 妈妈对正在进行的事情进行详细说明。

3. 引导幼儿尝试作出回应，说出"胳膊、肩膀……"之类的名词。

洗洗胳膊

游戏延伸：

可以进一步丰富亲子交流的内容，比如，可以带幼儿到公园走走，向其介绍四周的环境。为了让幼儿听清楚，家长讲话时速度要放慢。

游戏提示：

一般来说，幼儿是非常喜欢玩水的。玩这个游戏的时候，可以让幼儿在澡盆里多待一会，边玩边学，以此增加幼儿的学习乐趣。

听听专家怎样说：

　　每个幼儿都离不开水，要充分利用洗澡的机会对幼儿进行听力训练。这样，不仅会让幼儿体会到玩水的乐趣，还会激发幼儿学习的乐趣，一举两得。

---

8. 听，谁在说话

游戏目的：

训练幼儿对声音的感应力，让他们将声音和发声者联系起来。

所需道具：

无。

跟我一起这样做：

1. 让幼儿趴在床上，父母在他面前呼唤其名字。

2. 幼儿抬头注视呼唤者。

3. 当幼儿有所回应时，可以告诉他："是妈妈在叫你。"

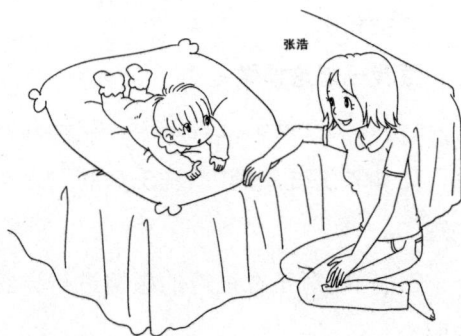

张浩

游戏延伸：

父母可以改变位置说话。

可以在幼儿看不见的地方说话，看幼儿是否会转头寻找声源。

游戏提示：

要和幼儿多进行一些类似的活动，最好采取面对面交流的方法，让幼儿习惯听自己的名字，并逐渐做出反应。

听听专家怎样说：

幼儿是靠听觉来学习语言的，必须具备一定的听音辨人的能力，能够在声音与发出声音的人之间建立起正确的联系。家长要培养幼儿的听觉注意，养成聆听习惯，慢慢将所听到的声音与发出声音者联系起来。

9.闹钟声

游戏目的：

引导幼儿寻找声源，提高其对声音的敏感度。

所需道具：

闹钟。

跟我一起这样做：

1.客厅里，抱着幼儿，把闹钟放在幼儿看不见的地方。

2.闹钟响起后，妈妈说："咦，什么声音在响？"

3.妈妈引导幼儿听并且寻找。

4.找到了，就告诉幼儿："这是闹钟响，叮零零。"

游戏延伸：

可以让幼儿听听手表声、门铃声等，引导幼儿认识各种声音。

游戏提示：

如果幼儿能够找到发声物，可以给予积极的鼓励，提高其兴趣。

10. 呼喊幼儿的名字

游戏目的：

呼喊幼儿名字，增加幼儿对声音的反应。

所需道具：

无。

跟我一起这样做：

1. 客厅地板上，幼儿坐在妈妈的怀里。

2. 妈妈抱着幼儿，呼喊其名字："姗姗，姗姗。"

3. 幼儿扭头看向妈妈。

游戏延伸：

不仅可以在幼儿身边叫他的名字，还可以在远一点的地方喊，训练他对名字的反应能力。

游戏提示：

为了刺激幼儿听力的敏感性，可以多喊几次其名字。

11. 找朋友

游戏目的：

促进幼儿听觉能力发展，训练幼儿听觉记忆力。

所需道具：

罐装啤酒罐、小石头、沙子、绿豆和米等物。

跟我一起这样做：

1. 幼儿和妈妈一起坐在客厅里，桌子上摆放着罐装啤酒罐、小石头、沙子、绿豆和米等物。

2. 妈妈把小石头、沙子、绿豆和米等物小心地放入空啤酒罐中，并用胶带封好。

3. 幼儿用力晃动啤酒罐，认真听罐里发出的声音，分别找出发出相同声音的两个啤酒罐，放在一起。

游戏延伸：

随着幼儿对这些物体发出的声音熟悉度的增强，家长还可以悄悄增加放有其他物品的小罐，以提升游戏的挑战性。

准备的道具可以是其他东西，只要能够装入罐中的、容易获取的就可以。

游戏提示：

在寻找过程中，如果幼儿忘记了刚才的声音，家长可以重新摇晃，加强幼儿的记忆。

随着游戏次数的增多，幼儿对声音的记忆力会越来越强。

听听专家怎样说：

幼儿的听觉记忆力是逐渐发展和完善起来的，家长可以用生活中的常用物品对幼儿进行引导。类似于这样的游戏，不仅能够促进幼儿听觉能力发展，还可以训练幼儿的听觉记忆力。

12. 听声音找玩具

游戏目的：

训练幼儿听音辨别方向的能力。

所需道具：

一件打击乐器、一条围巾和一些小玩具。

跟我一起这样做：

1. 家长用围巾蒙住幼儿的双眼，然后把小玩具分别放在家中各处。

2. 家长敲击乐器，引导幼儿随着声音去寻找摆放在各处的玩具。

3. 另一位家长随时关注幼儿在黑暗中行走的安全，保证幼儿不被磕碰。

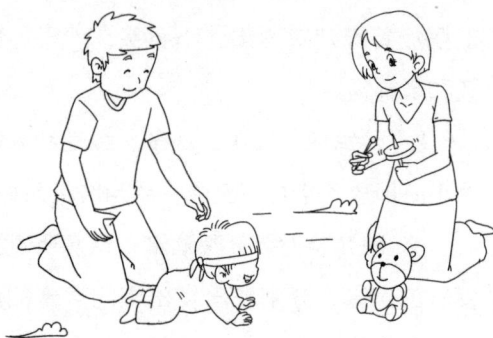

游戏延伸：

随着幼儿熟悉了在黑暗中寻找声音来源，可以将玩具放得离幼儿更远一些以提升游戏的挑战性。

游戏提示：

为了增加游戏的难度，敲击乐器的声音可以由小到大。

听听专家怎样说：

随着幼儿的生长，他们的听觉能力会一天天发展起来。每个幼儿都有玩具，可以利用这些玩具让幼儿学会寻找声音的来源。

13. 拍拍手，跺跺脚

游戏目的：

发展幼儿听辨声音的能力，促进幼儿做出与声音相匹配的动作。

所需道具：

一块帘子或者屏风。

跟我一起这样做：

1．用帘子或屏风隔开家长和幼儿。

2．家长在帘子或屏风后发出声音：拍手声、拍腿声、跺脚声。

3．让幼儿按声音的顺序做出相应动作：拍手声表示跑步动作，拍腿声表示踏步动作，跺脚声表示学小青蛙跳的动作。

游戏延伸：

家长可以和幼儿约定，不同的声音和动作代表不同的意义，比如拍手表示单腿跳，拍腿表示小鸭子扭扭扭，跺脚表示学袋鼠妈妈跳。

游戏提示：

开始的时候，可以在发出一种声音之后，让幼儿做动作。等到幼儿熟练之后，可以将几个声音一起发出，然后让幼儿逐一做动作。

听听专家怎样说：

家长可以和幼儿一起利用身体的各个部位，发出几种不同的声音，比如拍手、拍腿、跺脚的声音。让幼儿尝试着说说它们的不同之处，从而帮助其加深对这些声音的认识。

14．身随声转

游戏目的：

激发幼儿的听觉探索能力。

所需道具：

会发声的玩具。

跟我一起这样做：

1．让幼儿仰躺在垫子上。

2．妈妈在幼儿右侧，让玩具发出声音，吸引幼儿的注意以引导其接近玩具。

3．将玩具转向左侧，幼儿为了接近玩具身体则会逐渐改变姿势。

4．妈妈再一次把玩具往幼儿右侧移动，并发出声音，观察幼儿是否随玩具的移动而改变身体的姿势和位置。

游戏延伸：

家长可以将玩具放在幼儿身体的不同部位，鼓励幼儿扭动身子，作出回应。

游戏提示：

玩具发出的声响不宜过大。

听听专家怎样说：

幼儿长到8个月的时候，是能够随着声音转动自己的身体的。家长可以在幼儿旁边制造一些声音，从而刺激他们对声音的探索力。

15．敲敲打打

游戏目的：

让幼儿自己动手，感受力量的大小与声音之间的关系。

所需道具：

铁盒、棒子。

跟我一起这样做：

1．客厅地板上，摆放着铁盒和棒子。

2．妈妈抓住幼儿的手用木棒敲一敲铁盒，有时大声，有时小声。

3．放手让幼儿自己敲，感受力量的大小与声音之间的关系。

游戏延伸：

可以让幼儿用棒子敲击其他的物体，比如桌子等，引导幼儿感受不同的声音。

游戏提示：

注意棒子可能造成的危险，注意安全。

听听专家怎样说：

力量的大小与声音之间是密切相关的，家长可以给幼儿提供条件，引导幼儿发现不同力度敲击出的不同声音，从而增强对大小声音的分辨力。

16．踢一踢，听一听

游戏目的：

通过踢物，锻炼幼儿的听觉与视觉。

所需道具：

空纸盒一个、铃铛一个。

跟我一起这样做：

1．将铃铛放在纸盒中。

2．用绳子将纸盒绑在婴儿床上，让婴儿随时有机会去对准目标物踢。

游戏延伸：

可以在纸盒上贴上学习卡片，让幼儿边玩边学。

游戏提示：

盒子不要太重，绳子要系牢，盒子上的内容可以随时更换。

 听听专家怎样说：

幼儿躺在小床上都喜欢来回乱踢，这时候，就可以在小床旁边系上一些东西让他来踢，从而发出不同的声音。

---

17. 不见了

游戏目的：

通过视觉追踪，训练幼儿的听力。

所需道具：

毛巾或布。

跟我一起这样做：

1. 妈妈用一块毛巾盖住自己的头部。

2. 妈妈悄悄呼唤幼儿的名字。

3. 幼儿循着声音的方向，注视过去。

游戏延伸：

游戏的时候，妈妈可以用不同的东西来遮盖脸部，从而让声音的大小发生变法，激发幼儿的听力。

游戏提示：

游戏的时候，要多留意幼儿的反应，如果开始的时候，幼儿没有反应，可以将遮盖物拿去，让自己的声音变得清晰些。

 听听专家怎样说：

到了4个月之后，幼儿已经能够辨别一定的声音了，这时候，可以通过这样的游戏，不断改变声音的大小，激发幼儿的听力，从而进一步提高幼儿听力的区辨力。

---

18. 分辨不同质地物体发出的声音

游戏目的：

辨别敲击不同质地的东西发出的声音，开发幼儿的听力。

所需道具：

一根筷子、一只碗、一块积木、一个塑料盒子、一个铜铃铛。

跟我一起这样做：

1. 让幼儿用筷子敲响桌上的四种东西，多敲几次，让幼儿记住每种东西发出的声音。

2. 让幼儿背对着桌子，妈妈敲碗，请幼儿来猜敲的是什么东西发出这样的声音。

3. 幼儿回答说："碗。"

游戏延伸：

让幼儿离开桌子 2 米远，背对桌子，看看能否分辨出是什么东西发出的声音。

游戏提示：

游戏时，幼儿背过身靠听力来分辨大人敲击的是什么东西。

在游戏中，家长要主动营造一种欢乐的气氛。只有这样，才能让幼儿继续玩下去。

听听专家怎样说：

不同质地的物体发出的声音是不一样的，家长可以充分利用这一点，让幼儿来区分不同的声音，从而丰富听力内容。

第二部分 2岁幼儿听力训练小游戏

19. 小鼓咚咚响

游戏目的：

训练幼儿的听力，增加幼儿对声音的敏感性。

所需道具：

一只小鼓（或者圆饼干盒）和一只鼓槌。

跟我一起这样做：

1. 妈妈拿起鼓槌，敲出声音，示范给幼儿看。

2. 引导幼儿拿着鼓槌，敲出鼓声。

3. 当幼儿敲出声音的时候，妈妈可以夸赞："××敲得真好听。"此时，幼儿也会露出开心的笑容。

游戏延伸：

可以将家中的小盆、空瓶子、纸盒、玻璃杯等摆放在桌子上，让幼儿用筷子敲，体会不同声音带来的乐趣。

游戏提示：

开始时，妈妈可以手把手地教，慢慢地幼儿自己就会敲了。听到发出响声后，会非常高兴。

幼儿敲得声音不大时，可以鼓励其敲击重一点。必要的时候，可以多做几次示范。

听听专家怎样说：

幼儿听力的发展不仅是一种"教听"的过程，还是举一反三的自主习得过程。这个游戏的目的就是引导幼儿最大限度地使用身边的小玩具，帮助他们更加熟练地锻炼自己的听力，从而强化他们的听力。

20．豆子跳起来了

游戏目的：

让幼儿通过视觉，感受声音的存在。

所需道具：

数粒豆子、盆面绷好布的小铝盆一个、小木棍一根。

跟我一起这样做：

1．桌子上，把豆子放在盆面上，让幼儿坐在旁边。

2．家长用小木棍敲击盆边，使豆子在盆面上跳起来。

3．让幼儿模仿豆子跳起发出的声音——砰砰砰。

游戏延伸：

可以鼓励幼儿大胆敲击盆边，感受声音的存在。

可以将一些轻小的玩具放到鼓面上，进行敲击，让幼儿听听声音有什么不同。

游戏提示：

游戏时，家长要以积极的态度，充分调动幼儿的视觉、听觉，进行大量的语言刺激。如"豆子跳起来了""小豆子在跳舞"……刺激幼儿听力发展。

听听专家怎样说：

幼儿的听力和视力是密不可分的两个部分。为了提高幼儿的听力，可以借助幼儿的视力来进一步激发其听力的发展。

21．我的录音机在哪里

游戏目的：

引导幼儿积极寻找录音机的声音，培养幼儿判断声源的能力。

所需道具：

录音机一台、录好各种声音的磁带一盘、手绢一块。

跟我一起这样做：

1. 妈妈用手绢将幼儿眼睛蒙住，让其听声寻录音机。

2. 家长把录音机放在任意一个地方，播放各种有趣的声音。

3. 幼儿积极寻找录音机。

游戏延伸：

游戏的时候，可以给幼儿制造一定的难度，比如在通往录音机的方向放置一个大点的玩具挡住幼儿，造成一定的障碍。

家长可以和幼儿一起玩蒙面找人的游戏，家长当作发声源，让幼儿寻找。有了家长的参与，幼儿的积极性会更高。

游戏提示：

玩这个游戏时，要注意安全；游戏所选择的活动范围不宜过大。

如果幼儿在约定的时间里找到了收音机，家长应给予积极的鼓励。

在选择障碍物时，最好选一些毛绒玩具，不要使用有棱角的，以免伤到幼儿。

听听专家怎样说：

大多数的幼儿都喜欢玩蒙眼找人的游戏，家长要积极调动自己的脑力，多想一些办法，丰富这种游戏，从而激发幼儿的听力，使幼儿在玩耍中得到听力的训练。

22.听音数数

游戏目的：

培养幼儿听觉记忆的能力。

所需道具：

鼓一面、水果若干。

跟我一起这样做：

1. 家长背对幼儿敲鼓。

2. 幼儿听鼓声，拿水果。

3. 家长敲几下，幼儿就拿几个水果。

游戏延伸：

选择道具的时候，可以不仅仅局限于鼓和水果，任何一种能敲响的物品都可以拿来用。

游戏提示：

敲击的次数，不要超出幼儿掌握的范围。

敲击时，要有节奏，速度不宜太快。幼儿做得好的，家长可以给予鼓励。

> **听听专家怎样说：**
>
> 随着幼儿年龄的增长，他们记忆的长度会逐渐增加。在这个游戏中，随着敲击声的逐渐增加，幼儿拿取水果数量的增加，无形中就会锻炼幼儿的记忆长度，即听觉记忆。

23. 循声找物

游戏目的：

培养幼儿对声音大小的理解。

所需道具：

小玩具一个。

跟我一起这样做：

1. 爷爷、奶奶、爸爸、妈妈围坐一圈，先让幼儿站在另一房间里等。妈妈把小玩具藏在室内的一个地方，并让室内的成员知道。

2. 游戏开始，幼儿进来，全体成员有节奏地拍手。当幼儿接近藏物地点

时，拍手声音大；远时，拍手声音
小；走到藏物地点时，拍手声音则
突然停止。

3. 幼儿根据拍手声音的大小，
找到了小玩具。

游戏延伸：

开始游戏时，可以让幼儿借助
视觉寻找小玩具，慢慢过渡到只用
听觉寻找。

也可以让幼儿鼓掌，大人来寻找玩具，增强幼儿的听力体验。

游戏提示：

游戏时，其他人不要暗示幼儿玩具在什么地方。

游戏中，可以结合语言进行，如当幼儿走到藏物点附近时，家长一边拍
手，一边有节奏地说："快，快……"当离藏物点较远时，家长则边拍手边说：
"走远了，走远了……"

听听专家怎样说：

当幼儿到了2岁的时候，已经能够分辨出声音的大小了。为了激
发他们对声音的区辨力，就要创造条件制造不同的声音，给幼儿以不
同的体验。

---

24. 听一听，学一学

游戏目的：

培养幼儿听音、辨音的能力。

所需道具：

录下周围各种声音的录音磁带一盘、录音机一台。

跟我一起这样做：

1．家长和幼儿一起听录音磁带里的各种声音，比如洗碗声、广播声、咳嗽声、婴儿的啼哭声、敲门声、闹钟声以及交通工具和各种动物的叫声等。

2．幼儿对声音进行辨别。

3．幼儿模仿汽车的声音，"嘀嘀嘀……"

游戏延伸：

可以连续播放几种不同的声音，让幼儿说出是什么声音。

如果幼儿辨别得又快又准确，可以给予鼓励，然后鼓励其对所听到的声音进行模仿。

游戏提示：

录音的时候，对每种声音最好多录几分钟，也可以收录同一种类不同个体的声音，比如救护车、警车、救火车等车辆的声音，让幼儿加以辨别。

听听专家怎样说：

2岁时，幼儿已经能够对不同的声音进行区分了。家长可以将这些不同的声音录制下来，从而激发幼儿对不同声音的敏感性，提高他们辨别不同声音的能力，从而有效训练听力。

25．小动物举手

游戏目的：

通过幼儿对命令的反应，培养其听辨词汇的能力。

所需道具：

幼儿喜爱的各种小动物头饰若干。

跟我一起这样做：

1. 给爸爸、爷爷、奶奶、幼儿分配角色，戴上头饰。

2. 妈妈开始发令，其他成员注意听，根据口令做出各种相应的动作。妈妈说，"小猪举手""小狗站起来"等，让家庭成员分别根据自己的头饰做出相应的动作。

3. 没做或做错的，被淘汰，看谁取得最后胜利。

游戏延伸：

可以制作不同的头饰，让幼儿逐一佩戴，然后根据妈妈的提示，做出不同的动作。

游戏的时候，可以鼓励幼儿说些其他的话，比如小狗的毛是什么颜色的，在哪里见过等。

游戏提示：

发布命令时，家长尽量不让幼儿看口形，速度可以逐渐加快。

听听专家怎样说：

　　幼儿一般都喜欢小动物，可以做些和小动物有关的游戏。采用这种游戏方法，一则可以提高幼儿游戏的兴趣；二则可以让幼儿学会区分不同的声音；三则可以形成良好的家庭氛围和亲子关系。

26.那是什么声音

游戏目的：

引导幼儿认识突发的连续声，提高其听觉的分辨力。

所需道具：

水龙头。

跟我一起这样做：

1. 将幼儿带到水池边。

2. 妈妈突然将水龙头打开，让水流出发出"哗哗哗"的声音。

3. 妈妈告诉幼儿："这是水声。"

游戏延伸：

可以利用生活中能够发出连续声音的东西，给幼儿听。比如电话铃声、吸尘器的声音等。

游戏提示：

将水龙头拧开的时候，最好在下面放一个盆，以免将水浪费掉。

听听专家怎样说：

幼儿长到2岁的时候，已经开始注意突发的连续声。家长可以有意识地多引导他们听些连续的声音，比如电话铃声、吸尘器的声音、水滴到盆里的声音等，一边听一边告诉他们那是什么声音，由此来提高听觉的分辨力，加强感性认知。

27. 听听自己的声音

游戏目的：

通过倾听自己的声音，使幼儿更愿意发音。

所需道具：

录音机。

跟我一起这样做：

1. 把幼儿不同阶段的咿呀声录下来。

2. 妈妈将录音机打开，让幼儿倾听自己在不同时期的声音。

3．一边听，一边引导幼儿："这是你 3 个月大时的发音，这是 5 个月大时的……"

游戏延伸：

这个游戏，任何年龄段的幼儿都可以做。如果家长能够坚持不懈，将幼儿具有代表性的声音收录下来，比如哭声、笑声、发脾气的声音等，让幼儿收听，他一定会兴趣十足。

游戏提示：

可以为幼儿多准备一些录音，也可以让其他家庭成员参与进来，增强游戏的趣味性。

收录幼儿声音的时候，最好时间长一点。

听听专家怎样说：

蒙台梭利教育理论告诉我们，可以把幼儿不同阶段的咿呀声录下来，让幼儿对比着听。幼儿是很喜欢倾听自己的声音的，这能使其更愿意发音，而且也可以让我们从中发现幼儿对节奏和旋律的感觉。

28．小小听觉筒

游戏目的：

通过音乐，认识物品的声音。

所需道具：

数个透明罐、绿豆、石头、铃铛、米、沙等。

跟我一起这样做：

1．在各个透明罐内，分别放入不同的物品，比如绿豆、石头、铃铛、米、沙等。

2．和幼儿一起唱快乐的早教儿歌，同时拿起罐子摇一摇，随歌曲的节奏来伴奏。

游戏延伸：

放入罐内的物体数量可多可少，通常多则音高且亮，少则音低且沉。

游戏提示：

要注意将罐口密封严。

听听专家怎样说：

　　幼儿长到 2 岁以上的时候，已经能够分辨出不同的声音了。家长可以将罐子中放入绿豆、石头之类的东西，加以摇晃，使之发出不同的声音，从而锻炼幼儿的听力。

---

29. 木头人

游戏目的：

通过不断的语言训练，激发幼儿听力的敏感性。

所需道具：

录音机，或者 DVD。

跟我一起这样做：

1. 客厅里，妈妈播放一段音乐，播放一段后就做一个动作。

2. 接着，妈妈再播放一段音乐，让幼儿跟着做一个动作。

3. 当音乐停止时，妈妈喊："木头人"，幼儿做一个静止的动作。

游戏延伸：

开始的时候，可以少些动作；等到幼儿玩熟练了之后，可以多播放几个音乐片段，最后再让幼儿做静止的动作。

游戏提示：

播放音乐的时候，声音不要太高，也不能太低，以适宜幼儿听力承受范围为标准。

听听专家怎样说：

　　2 岁多的幼儿，可以站着玩游戏了。这时候，他们对音乐的感应也更加敏锐，如果能够和他们玩一些听音乐做动作的游戏，对训练他们的听力是非常有意义的。

第三部分 3 岁幼儿听力训练小游戏

30. 听音乐排球

游戏目的：

引导幼儿学会判断声音的有、无，锻炼其身体的协调性。

所需道具：

录音机一台、磁带一盘、皮球一个。

跟我一起这样做：

1. 让幼儿手拿球，在离录音机 1 米远的地方站好。

2. 家长打开录音机，当幼儿听到音乐后，开始拍皮球；音乐停止，幼儿抱球站在原地不动。

3. 音乐再一次响起，幼儿继续拍皮球；音乐停止，幼儿原地抱球站好。

游戏延伸：

家长可以在一边敲鼓，幼儿在一边拍皮球，鼓声停止，拍球停止；鼓声继续，继续排球。

游戏提示：

如果幼儿不会拍球，要先教会其拍球再进行这个游戏。

音乐磁带应选择节奏感较强的、适合幼儿欣赏的磁带。

幼儿玩累了，要及时休息。

听听专家怎样说：

3 岁大的幼儿一般都会拍皮球了，家长要充分利用这一有利时机，锻炼幼儿的听力。一可以激发他们的听力；二可以让他们通过运动锻炼自己小手的力量。

31. 抢椅子

游戏目的：

通过"抢"这个动作，培养幼儿分辨声音节奏的快慢。

所需道具：

鼓一面、椅子数把。

跟我一起这样做：

1. 把椅子围成一圈，爷爷、奶奶、爸爸、幼儿站在椅子圈外。

2. 游戏开始，妈妈敲鼓，幼儿听到快节奏的鼓声就快跑。

3. 鼓声停止，幼儿马上抢椅子坐下。

游戏延伸：

这个游戏主要是让幼儿对声音做出反应，可以鼓励家里的成员积极参与进来。

可以找些幼儿熟悉的小朋友，大家一起来玩。

游戏提示：

在游戏中，家长应注意培养幼儿对声音的感受力。

每一次游戏后，要拿走一把椅子，直至最后剩一把椅子为止。

听听专家怎样说：

3 岁大的幼儿，已经能够分辨音乐节奏的快慢了。这时候，完全可以通过一定的游戏，强化这种能力，从而培养他们的听力。

---

32. 树叶飘飘

游戏目的：

培养幼儿判断不同声音的能力，养成聆听的好习惯。

所需道具：

树叶头饰数个、录音机一台、录好刮风声的磁带一盘。

跟我一起这样做：

1. 幼儿带上头饰，当作树叶，站在房间中间，录音机放在与幼儿相距1.5～2米的地方。

2. 游戏开始，家长打开录音机，当听到刮大风时，"树叶"就随着风声大幅度地转动；当风声变小时，"树叶"就缓慢地飘动；风声停止，"树叶"站在原地不动。

游戏延伸：

收录的声音可以丰富一些，比如雨声。

游戏提示：

在录音时，要选择大小不同的风声，家长要细心留意天气的变化。整个录音过程可能需要的时间比较长。

听听专家怎样说：

大自然的声音是奇妙，完全可以当作幼儿学习的素材。自然中的声音千变万化，如果能够充分利用自然赋予我们的一切，完全可以让幼儿在自由的环境中提高听力。

---

33. 巨人和矮人

游戏目的：

培养幼儿辨别声音高低的能力。

所需道具：

各种小玩具若干。

跟我一起这样做：

1. 将准备好的小玩具放在小桌上，让幼儿站在屋子中间。

2. 游戏开始，家长发出高音"a"，幼儿就拿一个玩具，踮起脚尖学巨人走路的样子，把玩具放在高桌子上；当发低音"a"时，幼儿再拿起一个玩具，蹲着学矮人走路的样子，把玩具放在地面上。

游戏延伸：

游戏的时候，可以加快变换音量的速度，以此来提高幼儿对声音高低的敏感性。

游戏提示：

家长可以灵活选用不同的词语，最好是幼儿喜欢的、积极向上的。当幼儿做出正确的反应时，可以给予表扬和鼓励。

如果幼儿不能正确地判断高、低音时，要让其反复听，多做对比。

听听专家怎样说：

声音有高低之分，训练幼儿的听力完全可以从这点开始。当幼儿能够听懂高音和低音时，就能远离高音对自己的危害，从而保护好耳朵，使听力不会受到损害。

---

34. 什么乐器在响

游戏目的：

引导幼儿辨别不同乐器发出的声音，培养幼儿分辨不同乐器声音的能力。

所需道具：

三角铁、碰钟、棒子、鼓、喇叭、铃等。

跟我一起这样做：

1. 拿出准备好的乐器，让幼儿听各种乐器所发出的声响。

2. 家长任意演奏一种乐器约四拍，让幼儿说出或指出是哪种乐器发出的声音。

游戏延伸：

在幼儿对各种乐器的声音熟悉后，可以提高要求。

使用两种乐器演奏，可以将头四拍和后四拍分别由不同的乐器演奏，请幼儿分辨。

也可以使用两种乐器齐奏，请幼儿分辨。

游戏提示：

家长要根据幼儿的听力能力和对各种乐器声音的掌握情况，合理安排训练内容。

听听专家怎样说：

不同的乐器，发出的声音是不一样的。当幼儿能够正确区分不同乐器发出的声音时，听力内容也就更加丰富了，有利于更好地训练幼儿的听力。

35. 听听是什么声音

游戏目的：

培养幼儿分辨不同频率声音的能力。

所需道具：

脸盆、铝制饭盒、玩具口琴、哨子、瓷杯等，小木棍一根。

这是什么声音？

饭盒

跟我一起这样做：

1. 将物品摆放在桌子上，家长分别敲击物品，让幼儿认识不同频率的声音。

2．幼儿背过身去，家长用小木棍敲击物品，使其发出声响。

3．让幼儿猜一猜是哪种物品发出的声音，猜对了，给予适当的鼓励。

游戏延伸：

在家里训练时，如果没有上述物品，可以用其他物品来代替。

幼儿如果已经具备一定言语能力，可让其说出发声物的名称。

游戏提示：

此游戏可以分两部分进行：

1．幼儿面对发声物，家长敲击出声音，让幼儿辨识。

2．幼儿背对发声物，家长敲击出声音，让幼儿回答出是哪种物品在发声。

听听专家怎样说：

　　不同物体的发音频率都是不一样的，要多创造条件，为幼儿提供各种各样的发声体，让其感受不同的声音，丰富他们的听力，养成良好的听力习惯。

36．谁的反应快

游戏目的：

培养幼儿对不同声音做出快速反应的能力。

所需道具：

安静的卧室。

跟我一起这样做：

1．爸爸站在门外敲门，发出声音。

2．幼儿在卧室里安静地听，当听到爸爸发出的某一种声音后，快速做出模仿动作，并发出声音。

游戏延伸：

在家里做这个游戏时，可以发出各

种各样的声音，比如敲门声、跺脚声、咳嗽声、拍手声、叫名字等。

游戏提示：

让幼儿在最短的时间里作出反应，越快越好。每个幼儿的听力都是不一样的，开始的时候，可以让他们判断一种声音，渐渐地过渡到连续判断几种声音。

听听专家怎样说：

蒙氏儿童教育观认为，幼儿对声音的反应是逐渐提高的。开始的时候，可能只能对一种声音做出反应，而且反应的速度也比较慢。可是，随着年龄的增长，他们就会对多种声音做出反应，反应的速度也会逐渐加快。

---

37. 录音机里是谁的声音

游戏目的：

引导幼儿听录音机里发出的声音，培养幼儿辨别不同声音的能力。

所需道具：

录音机一台、录好家庭每个成员说话
声的磁带一盘。

跟我一起这样做：

1. 客厅里，爸爸、爷爷、奶奶和幼
儿围坐在录音机旁。

2. 妈妈放录音，给幼儿播放一段大
人说的话，让幼儿猜一猜是谁说的以及说
的什么。

游戏延伸：

游戏的时候，可以逐渐提高难度，可以连续播放两个人或者三个人的录音，让幼儿说出是谁说的，都说了什么。

游戏提示：

录音时，不同成员录音中间最好留有一分钟间隔。

如果幼儿一次猜不出来，可以将磁带倒回去，重新播放。

> **听听专家怎样说：**
>
> 　　3岁的幼儿一般能区分出家庭成员的声音，此时就可以做些类似的辨音游戏。事实证明，这是一种有效的方法，可以进一步激发幼儿听力的敏感性。

38. 小孩，小孩，真爱玩

游戏目的：

培养幼儿听力，提高其理解语言的能力。

所需道具：

杯子、椅子、盘子、勺、牙刷等常见物品。

跟我一起这样做：

1. 把准备好的物品随意摆放在客厅的一边。

2. 游戏开始，幼儿站在另一边说："小孩，小孩，真爱玩。"妈妈说下半句："请你摸摸椅子跑回来。"

3. 幼儿根据指令完成相应的动作，跑回原处。

4. 妈妈说："小孩，小孩，真爱玩。"幼儿马上停下来。

游戏延伸：

游戏可以反复进行，指令可以随时更改。比如"请你拍拍皮球跑过来""请你摸摸积木跑回来"等。

游戏提示：

发出的指令，要根据幼儿掌握语言的程度而定，可浅可深。难以辨别的，可添加辅助手势，重点应放在培养幼儿的听辨能力上。

听听专家怎样说：

蒙台梭利教育观认为，幼儿都喜欢和妈妈一起做游戏。这则游戏就充分调动了母子的积极性，有利于提高幼儿的听力，促使他们能够更快、更准确地理解语言。

39. 快来找一找

游戏目的：

培养幼儿辨别同类语音、不同声调的能力。

所需道具：

杯子、被子图片；娃娃、袜子图片；衣服、椅子图片；猫、帽图片；书、树图片各一张；红五星数个。

跟我一起这样做：

1. 把各种卡片分散放在桌子上，妈妈和幼儿面对面坐着。

2. 游戏开始，妈妈说出一个词语"杯子"。

3. 幼儿根据发音，迅速找到相应的词语卡片，大声说"杯子"。

4. 回答正确，妈妈奖励幼儿一颗红五星。

游戏延伸：

以上词汇，可以用实物来代替，比如杯子、袜子、帽子等。

如果幼儿已经具备了一定的言语能力，可以使用一些生词卡片；如果没有，最好使用带有彩色图画的卡片，便于幼儿理解。

游戏提示：

为了增加幼儿的兴趣，可以为幼儿多准备一些卡片，也可以让其他小朋友参与进来。

听听专家怎样说：

　　当幼儿能够辨别一定的发音时，可以找些同类语音让他们来辨识。这种方法，可以进一步提到幼儿对声音的辨别能力，从而有效激发其听力的敏感性。

40. 让我们来找错

游戏目的：

帮助幼儿培养思考力，促进幼儿养成良好的倾听习惯。

所需道具：

小鱼、小鸟之类的卡片。

跟我一起这样做：

1. 妈妈和幼儿坐在一起欣赏卡片，妈妈说："小鱼天上飞，鸟儿河里游。"

2. 幼儿指出妈妈的错误："不对！是小鸟天上飞，小鱼河里游。"

游戏延伸：

根据不同的卡片还可以说一些类似的句子，让幼儿挑错，比如"小鸭小鸭唧唧唧，小鸡小鸡嘎嘎嘎……"

游戏提示：

可以为幼儿多准备一些卡片。

可以让其他家庭成员参与进来，增强游戏的趣味性。

如果幼儿一时分辨不出来，家长可以提醒幼儿，引导他做出正确的判断。

听听专家怎样说：

如果幼儿倾听质量差，可以时常和他玩些听音找错的小游戏，让他找错。看到自己能帮助大人纠正语言错误，幼儿通常都会变得格外高兴，而且，这样的游戏还能帮助幼儿培养思考力，促进他倾听习惯的形成。

41. 声音在哪里

游戏目的：

寻找声音，引导幼儿辨别声音的方向、远近。

所需道具：

眼罩。

跟我一起这样做：

1. 给幼儿戴上眼罩，让幼儿待在客厅。

2. 妈妈走到厨房，轻轻地发出声音。

3. 妈妈问幼儿："声音是从哪个房间发出来的？"

4. 幼儿回答说："是厨房！"

5. 妈妈说："正确！"幼儿摘掉眼罩，看看厨房中的妈妈，笑了。

游戏延伸：

游戏中，妈妈可以在阳台、卧室等发出不同的声音，让幼儿辨认。

游戏提示：

如果没有眼罩，可以用布或手绢将幼儿的眼睛蒙上。

做游戏的时候，不能让幼儿将眼罩摘下来；游戏做完了，才可以摘下来。

42. 猜猜我是谁

游戏目的：

让幼儿分辨不同音色，了解不同年龄、不同性别的人说话声音的特点。

所需道具：

眼罩。

跟我一起这样做：

1. 爸爸、妈妈、爷爷、奶奶等坐在客厅里，幼儿戴着眼罩坐在一边。

2. 爸爸、妈妈、爷爷、奶奶分别发出声音，说："真好吃！"

3. 大人都说完之后，让幼儿猜一猜是谁的声音。

游戏延伸：

可以把不同人的声音提前录音，让幼儿猜一猜是谁的声音，是怎么听出来的，他们说话有什么特点，比如爸爸声音粗，妈妈声音高，爷爷、奶奶声音又低又慢。

游戏提示：

为了降低难度，每个人说的话可以不同。然后，让幼儿猜。

43. 听听多了什么

游戏目的：

听辨增加的词汇。

所需道具：

星空。

跟我一起这样做：

1. 晚上，妈妈和幼儿坐在阳台上。妈妈说第一句话："天空中布满了星星。"妈妈接着说第二句话："广阔的天空中布满了星星。"

2. 妈妈问："第二句话中多了什么？"幼儿回答说："广阔的。"

3. 妈妈给幼儿以鼓励，亲吻幼儿一下："真聪明。"

游戏延伸：

生活中，可以多做一下这样的练习，比如"小狗是白色的""可爱的小狗是白色的"等。

游戏提示：

开始的时候，幼儿可能对这样的问题不熟练，可以引导幼儿学会区别。等他学会了，再多做一些这样的游戏。

> **听听专家怎样说：**
>
> 幼儿到 3 岁以后，就可以区别一定的简单句了。家长可以尝试着使用这些游戏，让他们将多出来的词语分辨出来。

44. 音乐里面是什么

游戏目的：

引导幼儿认识不同的乐器，增强幼儿听的判断能力。

所需道具：

不同乐器演奏的音乐。

跟我一起这样做：

1. 客厅里，给幼儿播放一段二胡独奏，和幼儿一起欣赏。

2. 音乐暂停，妈妈问幼儿："你知道，刚刚这首曲子是用什么奏响的吗？"

3. 幼儿想了想，说："二胡。"妈妈跷起大拇指说："你真棒！"

游戏延伸：

为了提升游戏的挑战性，可以给幼儿播放一些钢琴曲、萨克斯曲、口琴曲等，让幼儿进行辨别。

游戏提示：

在正式做游戏之前，给幼儿播放一些不同乐器弹奏的音乐，让他们认识不同的乐器。然后再做游戏。

听听专家怎样说：

一般来说，3岁多的幼儿已经可以辨认出听过的乐器的声音了，可以放一段音乐让幼儿说出里面有哪些乐器演奏。

45. 打电话

游戏目的：

引导幼儿学会打电话。

所需道具：

电话或手机。

跟我一起这样做：

1. 妈妈在一个房间里，用手机拨响家

里的座机。

2．听到铃声后，幼儿拿起话筒，和妈妈说话。

游戏延伸：

在下班之后或中午休息的时候……给幼儿打电话，和他聊聊一天的生活。

游戏提示：

通过电话和幼儿聊天，最好聊些开心、有意义的事。

听听专家怎样说：

当今社会，电话进入了每个家庭，可以通过打电话的方式来引导幼儿和大人进行交流。这种练习，一则可以锻炼幼儿的听力；二则可以让幼儿学会与人沟通。

46．高跟鞋，蹬蹬蹬

游戏目的：

引导幼儿学会在不同的背景中，辨别出不同的声音。

所需道具：

脚步声、眼罩。

跟我一起这样做：

1．幼儿戴着眼罩和妈妈一起站在客厅中央。客厅里，小声播放一段儿歌。

2．妈妈穿着高跟鞋，"蹬蹬蹬"地走进一个房间。

3．幼儿根据声音，判断出："妈妈在厨房！"

妈妈在厨房！

游戏延伸：

开始的时候，妈妈可以穿着高跟鞋。

为了提高难度，可以穿拖鞋或布鞋，

甚至还可以光脚走路。

游戏提示：

播放的音乐既不能太高，也不能太低。过高，会影响幼儿对脚步声的判断；过低，难度也会降低，不利于幼儿听力的训练。

听听专家怎样说：

　　一般来说，3岁的幼儿已经能够辨别出混合在背景音乐中的声音了，他们能够把一种声音从音乐背景中区别出来，能够在"嗡嗡"的空调噪音声中找出闹钟的位置……这些都是训练听力的良好方法。

第三章
编织幼儿人际交往的纽带
——蒙台梭利口语训练

　　幼儿在 3 岁之前，大脑的发育进步是神速的。幼儿的口语发育就像他的身体发育一样，经过不同的阶段，会一步步地成长起来。蒙台梭利认为：一个人的智力发展和他形成概念的方法，在很大程度上取决于他的语言能力。因此，从小培养幼儿的语言能力，对他智力的发展是至关重要的。

0～3岁幼儿口语发展检查指标

从幼儿出生的第一天起，就能倾听声音、理解声音，蒙台梭利表示："婴儿在离开母体的时候，所发出的让人难忘的哭泣声，其实正是婴儿与他人进行沟通的行为表现。"

幼儿出生之后的前三年，大脑的发育进步是神速的。资料显示，0～3岁幼儿的口语能力的发展，是有一定顺序的。幼儿的口语发育就像他的身体发育一样，要经历不同的阶段，一步步地成长。所以，在幼儿口语学习的问题上，家长要按部就班地进行，不能操之过急。

通常来说，0～3岁的幼儿口语发展会呈现这样一些特点（如下表所示）：

时期	特点	说明
0～3个月	啼哭期	● 在这个阶段，幼儿主要是靠哭声来与人交流的。尤其是当他饿了、困了，或者哪里不舒服或心情不好的时候，他都会用哭声来表达。很多新爸爸妈妈往往会被幼儿的哭声弄得晕头转向，其实，幼儿有一个与众不同的能力——可以用不同的哭声来表达不同的意义
4～6个月	口语累计期	● 这个时期，幼儿已经跳出了只会哭的阶段，会尝试着用自己的语言发出很多声音。比如咯咯地笑、不停地嘟囔、大声尖叫……从此时开始，幼儿就能真正将发声和发音结合在一起，一遍遍地重复一些简单的音节，这就为说话打好了基础
7～9个月	准备期	● 这个时期，幼儿会有目的地发出声音来吸引你的注意。有时候，甚至还会说出一连串的词语，像是在嘟囔不停，又像在说一句话。蒙氏观点认为，这种表现是这个年龄的幼儿所特有的，他开始有意识地和妈妈交流，想向妈妈表达什么意思。只不过他还不会说话，只好模仿妈妈平时说话的样子，嘟囔个不停。 ● 这时候，幼儿的理解能力也在日益增长，有了这些基础，口语就会一天天丰富起来

时期	特点	说明
10～12个月	理解期	● 这时候，幼儿不仅遇到高兴的事情会拍手，还会用手势给妈妈下达命令，会发出一些简单的请求。可是，这个年龄的幼儿虽然能说几个简单的词，但往往发出的声音都很类似，让人听不清楚，经常会依赖其他的方式（比如身体语言）来表达自己的需要。蒙氏专家提醒我们，即使幼儿已经学会了用身体语言和你交流，也要多注意培养他说话的能力，让他把依赖转到语言上，多和他做说话的练习
12～18个月	真正的语言期	● 一般情况下，幼儿到了 18 个月，就可以掌握大概 100 个词语。渐渐地，幼儿的语言开始代替身体动作，幼儿真正的语言学习开始了。那么，如何来辨别幼儿真正的语言呢？有三个标志：发音比较准确；自己说话的热情高于模仿；可以在不同的环境里运用词语
1～2岁	口语增长期	● 幼儿在这个阶段所掌握的词汇有了突飞猛进的增长，已经掌握了一些代名词，比如我的、你的，还有一些动词，比如跑、跳。而且，他还会用自己知道的所有词语和别人交流。 ● 另外，他能理解一些简单的动词和形容词，比如睡觉、吃饭、热的、柔软的、湿的等。如果遇到令人兴奋的东西，他会特意提高自己的音量，展示自己的兴奋。同时，他也会犯一些小错误，比如经常读错音，把"姥姥"说成"咬咬"
2～3岁	"为什么"时期	● 到了这个时期，幼儿的语言技能会变得更加复杂，更加高级，已经可以理解反义词、数量词，可以同时回答两三个提问。大量的名词、动词不断地印在他的小脑袋里，只是他还不能很好地运用它们

第 1 节　解读口语对幼儿语言发展的意义

蒙台梭利认为：一个人的智力发展和他形成概念的方法，在很大程度上取决于他的语言能力。因此，从小培养幼儿的语言能力，对他智力的发展是至关重要的。

幼儿时期，接受新鲜事物的能力和语言发展都特别快，大多幼儿都能简单地表达自己的见闻感受。0 ～ 3 岁是幼儿大脑发育非常迅速的时期，语言功能也在迅速的发展当中，因而在这一时期对幼儿进行口语培养训练具有至关重要的作用。

1. 口语是重要的交流工具

语言作为人类最重要的交际工具，不仅可以用来表达思想感情，还可以保留和传递信息；语言作为一种思维工具，对人的认识过程和认识结果也具有非常重要的影响。

2. 促进幼儿的语言发展

幼儿正处于语言发展的关键期。一方面，由于幼儿的语音、词汇、语法，以及言语交际和言语调节能力等都处于"整蓄待发"的阶段，只需要提供适宜的环境和教育条件，他们各方面的语言能力就可以迅速发展；另一方面，大量事实说明，如果人在幼儿期没有获得适宜的口语训练和教育，那么其语言发展方面可能就会发生无法弥补的缺陷。

3. 有效促进幼儿的语言认知

口语能力的开发，对幼儿将来的语言发展、认知发展和社会性发展都会产生积极的作用。从这个意义上来说，幼儿口语能力的开发可以有效促进其全面发展。

第 2 节 抓住幼儿口语萌芽阶段的特点

幼儿的口语是按自己先天成熟的速度发展的。当幼儿可以自己拿茶杯喝水时，当其能更灵敏地辨别出混合食物的味道时，那就意味着他快开口说话了。这时候，他的舌头和嘴唇似乎变得更灵巧了，也更适合说话了。蒙台梭利经过大量的实验发现，幼儿在口语萌芽阶段，会呈现以下特点：

1. 连续音节明显增加，近似词的发音增多

幼儿出现口语萌芽的时候，会发出一些连续音节，并且明显增多，音调也开始明显呈现多样化趋势。

经过音节发声阶段之后，幼儿的发音进入一个更为复杂的时期，他们不仅能够发出一连串不同的辅音加元音的音节，还能模仿一些非语言的声音或成人发出的新语音，这标志着幼儿开始说话了。

蒙氏研究发现：这一阶段，幼儿的发音形式更加接近汉语的口语表达，有重叠音和升调，似乎在说某个句子。此时的发音往往是一种固定情景的学说话活动，他们竭力模仿成人的发音，使自己的发音接近某些词语发声。而且，在这段时间的发音更加复杂多样……所有的这些情况，都反映出幼儿口腔发音器官和脑的成熟变化，生理的发展为他们提供了更多的去发出各种声音的空间。

2. 开始真正理解成人的语言

研究表明，幼儿大约从 9 个月开始才真正理解成人的语言。那么，怎样来判定幼儿是否理解成人的话语呢？可以采用"话语反应判定法"。即在自然语境中，如果幼儿对语言刺激能够做出合适而又恰当的反应，就表明幼儿对该话语已经理解。当询问幼儿"妈妈在哪里"时，幼儿能把目光或头转向妈妈或用手指向妈妈，这就是合适反应。

幼儿大约在 6 个月时，已经出现了话语理解的萌芽；到 9 个月后，理解

反应迅速发展。到1岁时，能够理解的祈使句和疑问句会达到10个之多。这时候，幼儿的听觉分析器已经相当敏锐，在他的头脑中已经建立起了相当复杂的语音表象。这就表明，虽然幼儿在此阶段还不能说话，但是他已经开始语言化了。

3. 语言交际功能开始扩展

10个月之后一直到1岁半，幼儿就具有了语言交际能力。虽然他们还不会用说话的方法清楚地表达自己的意见，但已经能够通过一定的语音、动作和表情的组合，使这种语音产生具体的口语意义。

具体表现在：

（1）能执行成人简单的指令，建立相应的动作联系。

这是幼儿真正理解口语的一种表现。幼儿能够对成人的命令马上做出反应，比如成人说："跟爷爷再见！"幼儿就会挥挥小手。有时，对那些根本不是对他们说的某些词语，他们也会做出反应，比如当他听到父母对别人说再见了时，他会立即挥动小手做"再见"的动作。

（2）语音能和实体联系起来，但缺少概括性。

不同的幼儿会用各自经常重复的发音来表达某一种意思，比如他们会一边说"呜呜"，一边用手指着一辆汽车告诉成人"这是一辆汽车"。

蒙台梭利通过实验证明，这个时期幼儿会逐步学会用语音、语调和动作表情，来达到交际的各种目的。这时候，他们的语音和动作表情实际上已经产生了陈述、否定、疑问、感叹、祈使指令的各种句式意义。幼儿正是在这样的交际过程中，发展起了真正的口语交际能力。

4. 开口说话，出现第一个有意义的单词

大约从10个月大小开始，幼儿便会说出第一个有意义的单词，这是幼儿语言发展过程中最为重要的里程碑。幼儿最初掌握的词语，都与某一特定的对象相联系，与他们每日所感知接受的语言有着必然的联系，具有专指的性质，比如"狗狗"就是指他自己的玩具狗。

第3节 走进幼儿口语训练游戏大乐园

第一部分 1岁幼儿口语训练小游戏

1. 嘴巴的声音

游戏目的：

引导幼儿体会嘴巴发出的声音。

所需道具：

无。

跟我一起这样做：

1. 妈妈哼唱儿歌，用食指拨动上下嘴唇，发出"吧吧"的声音。

2. 幼儿模仿妈妈的样子，也用食指拨动上下嘴唇，发出"吧吧"声。

游戏延伸：

可以教幼儿双唇合并，向前突出，发出"噗噗"声。

可以让幼儿不停地碰撞上下嘴唇，发出"吧唧"声。

游戏提示：

开始的时候，幼儿如果不愿意学，为了引起他的兴趣，家长可以抱着幼儿坐在镜子前，边看边做。当幼儿体会到其中的乐趣时，也就会做了。

> **听听专家怎样说：**
>
> 1岁以内的幼儿，注意力还不太容易集中，要想办法先引起幼儿的注意力，然后再不断变换花样逗幼儿开心，从而激发他对于嘴巴所发出声音的好奇心。

2. 哎哟，小家伙

游戏目的：

引导幼儿学会说话。

所需道具：

无。

跟我一起这样做：

1. 把幼儿的手放在妈妈的手里。

2. 从幼儿的小手指开始，妈妈用食指触摸幼儿的每个指头并说"小家伙"，直到摸到幼儿的食指。

3. 妈妈的食指从幼儿的食指上滑下来再滑到大拇指上，同时说："哎哟！"

4. 当摸到幼儿的大拇指尖时说："小家伙。"

游戏延伸：

可以反过来，把妈妈的手放到幼儿的手里，依次做这样的游戏。

游戏提示：

反复重复，要幼儿记住这些简单的语言。游戏时，要说这样的话："小家伙，小家伙，小家伙！哎哟，小家伙！哎哟，小家伙！小家伙，小家伙，小家伙。"

听听专家怎样说：

9 ~ 12个月的时候，幼儿还不能够准确地模仿大人，但是很快，幼儿的小嘴唇也会随着你的游戏而有所反应，甚至还会有微小的声音开始试图学习你所说的话。家长要充分利用这一点，激发幼儿的口语能力。

3. 爸爸……

游戏目的：

让幼儿知道，每个人都有不同称呼。

所需道具：

家庭成员的大照片。

跟我一起这样做：

1. 在幼儿的摇篮里放上爸爸的
照片。

2. 当幼儿发出类似"爸爸"的声音时，指着爸爸的照片说："这是爸爸。"

3. 妈妈指着这些照片，对照照片里的人造句子，如："爸爸爱你""爸爸马上就要回来了"等。

游戏延伸：

可以放上妈妈或幼儿认识的其他亲属的照片。

游戏提示：

反复重复同样的语言，要幼儿记住这些简单的语言。

听听专家怎样说：

　　6～9个月的时候，尽管幼儿还不能够说话，但是在这样不停地引导下，各种称呼或者语言已经记录在了幼儿的头脑里，这样的游戏对于幼儿语言发育有着很直观的促进作用。

---

4. 滚动的书

游戏目的：

锻炼幼儿对于语言的敏感度。

所需道具：

类似奶粉罐、燕麦罐这样的圆形容器，一只小狗的图片。

跟我一起这样做：

1. 用圆形容器为幼儿做一本"书"。

2. 将小狗的图片粘在罐子上。

3. 在图片上贴一些透明胶纸。

4. 和幼儿一起滚动罐子，指着不同的图片和幼儿一起看图说话。

5. 让幼儿自己找图片："小狗在哪儿？"

游戏延伸：

罐子上可以粘贴很多图案，比如动物、人、杯子、球或者玩具等。

游戏提示：

所选的图片应该是幼儿所熟悉的，颜色要鲜艳。

听听专家怎样说：

3～6个月的时候，通过锻炼幼儿能快速准确地找到所看到的图形，这样可以有效激发幼儿对于语言的渴望。

---

5. 铃铃铃，电话来了

游戏目的：

培养幼儿倾听的注意力，发展幼儿的语言表达能力，锻炼幼儿的听说能力。

所需道具：

2个玩具电话听筒。

跟我一起这样做：

1. 让幼儿靠坐在床上，妈妈与幼儿面对面坐着，拿起听筒对着幼儿说："喂，XX在家吗？"和幼儿玩打电话的游戏。

2. 妈妈帮助幼儿拿起电话，说："叮零零，

来电话啦，XX 接电话吧。"

游戏延伸：

妈妈可以分饰 2 个角色，演示妈妈和幼儿的"对话"，可以聊聊今天妈妈做的事情和幼儿做的事情。

游戏提示：

刚学会说话的幼儿对说话有很大的兴趣，但是也会因为对语言的掌握而出现一些发音不标准的情况，这时妈妈在鼓励幼儿说话的同时还应该帮助幼儿纠正不标准的发音。

听听专家怎样说：

7 ～ 12 个月的时候，幼儿刚刚学会说话，很喜欢和大人说话，这时就可以找些相关的游戏，创设一些情景，和幼儿说说话。

6. 指脸谱

游戏目的：

练习幼儿对词语的反应能力。

所需道具：

无。

跟我一起这样做：

1. 妈妈和幼儿面对面坐着。

2. 妈妈指着自己的鼻子说："鼻子。"

3. 幼儿指着自己的鼻子说："鼻子。"

游戏延伸：

可以让幼儿认识眼睛、耳朵、嘴等五官。

游戏提示：

幼儿的反应要快，否则要受到惩罚，如刮鼻子等。

7. 拉一拉

游戏目的：

培养幼儿学念简单的儿歌，促进其语言发展。

所需道具：

玩具、绳子。

跟我一起这样做：

1. 在桌上放一件幼儿喜爱的玩具，但是让他够不着。

2. 在幼儿着急时，给玩具系上一根绳子，看看幼儿能否拉动绳子得到玩具。

3. 幼儿一边拉绳子，一边读儿歌："拉，拉，拉绳子。"

拉，拉，拉绳子。

游戏延伸：

家长可以给幼儿做示范，一边拉，一边随口编儿歌"拉，拉，拉绳子。"或"×××（玩具名称）快过来。"教幼儿边念儿歌边拉动绳子。

游戏提示：

选择的绳子，既不要太粗，也不要太细。

系绳子的时候要系牢靠，不能一拉就开。

此游戏在幼儿会抓住绳子，会模仿动作的前提下进行。

听听专家怎样说：

幼儿一般都喜欢和家人一起做游戏，家庭成员要充分利用在一起的机会和幼儿做游戏。这样的游戏，不仅可以培养幼儿理解事物间关系的能力，发展幼儿解决问题的能力，还能在一定程度上促进其语言发展。

8. 布书王国

游戏目的：

培养幼儿对图书的兴趣，为幼儿早期阅读打下基础。

所需道具：

彩色碎布。

跟我一起这样做：

1. 妈妈用彩色碎布制作成有趣的图案。

2. 家长领着幼儿观看制作布书的过程，激发幼儿的兴趣。

3. 妈妈引导幼儿学习布书。

游戏延伸：

布书内容可以丰富一些，比如娃娃、水果、小动物、卡通角色、日常用品、房屋、风景、交通工具等。

每次教幼儿学 1 ～ 3 页，结合实物进行效果更好。

游戏提示：

制作"布书"的时候，既可以收集有各种有趣图案的手帕，也可以买一些动物布贴，还可以用彩色碎布制作成有趣的图案。

9. 放放放，拿拿拿

游戏目的：

培养幼儿理解语言的能力。

所需道具：

准备一个玩具"百宝箱"。

跟我一起这样做：

1. 妈妈把玩具从"百宝箱"中一一取出，一边取，一边说："放放、拿拿，拿出我的花园宝宝。"

2. 妈妈将拿出来的玩具放回，一边放，一边说："拿拿、谢谢，放进我的花园宝宝。"

3. 幼儿模仿妈妈的动作来取拿。

游戏延伸：

妈妈可以念儿歌："放放、拿拿，拿出我的小狗熊。"让幼儿听清楚妈妈的儿歌，拿出相应的玩具，拿出几个后，再玩"放进去"。

游戏提示：

这个游戏要在幼儿知道所玩玩具名称的前提下进行。

10. 我来练习发音

游戏目的：

帮助幼儿学习语言，练习发音。

小鸭子"呷呷呷"

所需道具：

小动物玩具、细绳子。

跟我一起这样做：

1. 在小动物玩具上系一根绳子，引导幼儿一边拉小动物走，一边模仿小动物的叫声。

2. 幼儿发声，小狗"汪汪汪"、小鸭子"呷呷呷"、小鸡"叽叽叽"。

游戏延伸：

还可以用纸折一小飞机，在屋里放飞，并说"飞了，飞了"，让幼儿试着扔飞机，并模仿发音"飞，飞"。

游戏提示：

为了激发幼儿的兴趣，家长可以在旁边做些辅助的动作，比如小狗摇尾巴、小鸭扁嘴巴等。

听听专家怎样说：

1岁的幼儿一般对小动物都情有独钟，可以让他们模仿这些小动物的叫声，引导他们学会象声词。

11. 小马驹的小马掌

游戏目的：

有助于幼儿分辨声音，为幼儿以后说话打下基础。

所需道具：

无。

跟我一起这样做：

1．妈妈坐在沙发上，幼儿坐在妈妈的膝盖上，背靠着妈妈。

2．妈妈抓住幼儿的脚踝，唱儿歌："小马驹，钉马掌，吧嗒，吧嗒，又吧嗒。这儿一下，那儿一下，钉不上光脚丫，疼啊疼，疼啊疼，疼啊疼。"

3．随着儿歌的节奏，妈妈轻轻拍打幼儿的小脚。

4．当唱到"疼啊疼"时，停下来，挠幼儿的脚掌。

游戏延伸：

可以多重复几次。

可以让幼儿和妈妈互换角色，引起幼儿的兴趣。

游戏提示：

刚开始的时候，幼儿会集中注意力，妈妈多唱几次，在舒服的脚掌按摩和悠悠的儿歌中，幼儿会慢慢睡去。

听听专家怎样说：

1岁的幼儿已经可以分辨声音了，既能为今后的说话打下基础，又能促进亲子间的感情，因此可以多做些这样的游戏。

12．毛毛熊蹭痒痒

游戏目的：

丰富幼儿的词汇量，提高幼儿的语言表达能力。

所需道具：

一只毛毛熊玩具。

跟我一起这样做：

1．妈妈抓住幼儿的一只手，让他的手张开。

2．妈妈用另一只手在幼儿的掌心画圆圈，接着用两根手指顺着幼儿的手臂往上移。

3．妈妈一边做，一边哼唱儿歌："胖胖毛毛熊，围着花园转，一步，两步，三四步，就在这儿蹭痒痒，蹭痒痒，蹭痒痒！"

4．当儿歌唱完时，手停在幼儿的下巴处，轻轻地挠痒痒，逗得幼儿乐开怀。

游戏延伸：

可以用其他儿歌和幼儿做游戏，比如《数鸭子》。做这个游戏的时候，可以提前准备好一些大小差不多的玩具当鸭子，然后，和幼儿一起做这个游戏。

游戏提示：

教幼儿念儿歌的时候，开始的时候可以半句半句地教，最后再把句子连起来。

大人唱儿歌的时候，应该吐字清楚。

听听专家怎样说：

幼儿在游戏时，一般都非常喜欢读儿歌，如果家长能够想些办法将儿歌融入到游戏中，是非常有利于幼儿的语言发展的。

13．妈妈讲，我也讲

游戏目的：

培养幼儿的倾听习惯以及语言符号识别能力。

所需道具：

图画书。

跟我一起这样做：

1．在安静的环境里，妈妈拿出图画书，对幼儿说："看，妈妈这里有一本很好看的书。快来看看书上有什么啊？有……"引起幼儿的注意。

2. 给幼儿看图画书的封面，将书的名字告诉幼儿。

3. 妈妈抱着幼儿一边看书，一边把书中的内容讲给幼儿听。

游戏延伸：

如果幼儿听明白了，可以启发他将故事的内容说出来。比如可以问他：这本书的名字是什么啊？里面的主人公是谁啊？谁是医生啊……

游戏提示：

妈妈在给幼儿讲故事的时候，吐字要清晰。

在讲故事的过程当中，妈妈可以一边讲一边适时地和幼儿讨论一下书中的内容，让幼儿说说他听到了什么。

听听专家怎样说：

幼儿良好倾听习惯的养成，不是一朝一夕的，家长要充分利用空余时间，引导幼儿学会阅读，从而促进他们形成良好的倾听习惯。

14. 模仿发音

游戏目的：

引导幼儿熟悉各种声音、练习清晰的发音。

所需道具：

无。

跟我一起这样做：

1. 妈妈把幼儿抱起来，在他面前做出张嘴、吐舌，或其他各种表情，并用亲切温柔的声音和幼儿"谈话"。

2. 让幼儿注意到你的口型和面部表情，逗他发音。

3．逐渐地，幼儿就会发出应答似的声音来和你"交谈"。

游戏延伸：

在游戏的时候，可以和幼儿说些简短的词语，比如爸爸、妈妈等称呼，开心、快乐等形容词。

可以一边说词语，一边做表情，比如生气。就可以一边将"生气"这个词告诉幼儿，一边给幼儿做生气的表情。

游戏提示：

和幼儿做这个游戏的时候，既可以将幼儿抱在怀里，也可以让幼儿坐在床上；既可以和幼儿面对面坐着，也可以抱着幼儿照镜子。方式多种多样。

听听专家怎样说：

1 岁的幼儿虽然不会说话，但已经能够感应一些语言了。这时候，外界的词语会储存在他们的大脑里，从而为将来的口语打下良好的基础。

15．摇唱摇篮曲

游戏目的：

熟悉各种声音，感知音乐的力量。

所需道具：

无。

跟我一起这样做：

1．幼儿睡觉前，妈妈给他唱摇篮曲。

2．幼儿安然入睡。

游戏延伸：

唱摇篮曲的时候，可以给幼儿摇个小铃铛。

游戏提示：

幼儿入睡的时候，周围的环境最好安静一些。

唱摇篮曲的声音，不要太高。

16. 小花猫"喵喵"叫

游戏目的：

引导幼儿熟悉各种动物的声音，丰富听力内容。

所需道具：

小花猫。

跟我一起这样做：

1. 阳台上，逗小花猫叫几声。

2. 妈妈模仿小花猫的叫声叫几声。

3. 幼儿学着妈妈的样子，"喵喵喵"叫几声。

游戏延伸：

为了吸引幼儿的注意，也可以在模仿小动物叫声的同时，模仿小动物的动作。

游戏提示：

游戏的时候，要看好幼儿，以免小动物伤到幼儿；同时，要注意卫生。

17.听妈妈讲现在的故事

游戏目的：

教幼儿在情景中理解语言，让
幼儿养成良好的说话习惯。

所需道具：

无。

跟我一起这样做：

1.床上，妈妈一边给幼儿换尿布，一
边对幼儿说："妈妈正给你换尿布呢。"

2.阳台上，妈妈一边晾晒衣服，一边对
幼儿说："妈妈在给你晾晒衣服呢。"

游戏延伸：

可以一边洗澡，一边和幼儿说话；可以一边做游戏，一边和幼儿说话；可
以一边看电视，一边和幼儿说话；可以一边铺床，一边和幼儿说话……生活中
的每件事情都可以告诉幼儿。

游戏提示：

和幼儿说话的时候，给幼儿讲述事情的时候，最好是幼儿安静、心情好的
时候，如果幼儿正在哭闹，不愿意听，可以先停停。

听听专家怎样说：

家长可以用亲切的声音、变化的语调，跟幼儿讲其当前面对的事
物和事情，比如对他说"妈妈在摇小铃铛"等。这种情境中，不仅有
利于幼儿学习语言，还可以让幼儿养成和妈妈说话的好习惯。

18.和我一起拍拍手

游戏目的：

锻炼幼儿理解语言的能力和模仿能力。

所需道具：

无。

跟我一起这样做：

1. 客厅里，妈妈和幼儿面对面坐好。

2. 妈妈握住幼儿的两只小手，教其对拍。

3. 妈妈一边拍，一边说："拍拍手。"

4. 妈妈放开幼儿的手，看其能否自己拍。

游戏延伸：

同样的方法，可以教幼儿做点头的动作。

游戏提示：

要鼓励幼儿自己拍，如果幼儿不懂自己拍，家长可以提供帮助。

听听专家怎样说：

　　7个月以后的幼儿，在听到一些特定的语言信号时，就能用动作表示出来了，可以多和幼儿玩类似的游戏，从而锻炼幼儿理解语言的能力和模仿能力。

19. 有礼貌的好孩子

游戏目的：

让幼儿理解语言，培养幼儿的文明习惯。

所需道具：

玩具。

跟我一起这样做：

1. 爸爸给幼儿玩具时，妈妈在一旁点头说"谢谢"。

2. 幼儿模仿点头的动作并表示"谢谢"。

3. 当家里有人要出门,妈妈一面说"再见",一面挥动幼儿的小手,向要走的人表示"再见"。

游戏延伸:

当幼儿会说这些礼貌用语的时候,可以让其学一些其他的礼貌用语,比如你好、晚安等,以丰富幼儿的词汇。

游戏提示:

做这个游戏的时候,妈妈首先就要说些表示礼貌的话,以此来引导幼儿。

如果幼儿不乐意,不要强迫,最好用游戏的方法引导他,使其在不知不觉中逐渐丰富自己的口语词汇。

听听专家怎样说:

多学一些礼貌用语,有利于幼儿养成良好的礼貌习惯,这对幼儿未来的发展是非常有利的。而且,还可以为幼儿将来语言的运用打下良好的基础。

20. 幼儿戴帽子

游戏目的:

让幼儿理解语言,促使其思维萌芽。

所需道具:

各种各样的童帽,如小布帽、毛绒帽、军帽、皮帽、太阳帽等。

跟我一起这样做:

1. 把幼儿抱在大镜子前,给其戴上一顶帽子,说:"帽子。"

2. 一会儿后,把帽子摘掉再戴上另一顶,然后说:"帽子。"

3. 幼儿模仿妈妈的动作,说:"帽子。"

游戏延伸：

尽量将各种各样的帽子都用到，逐渐让幼儿明白尽管这些东西大小、形状、颜色不同，但都是帽子，可以戴在头上。

游戏提示：

做这个游戏的时候，最好不要选在夏天，因为这时候幼儿是不乐意戴帽子的。

即使给幼儿戴上了帽子，也要在几分钟之后就摘下来。

听听专家怎样说：

在练习口语的时候，可以从幼儿的身边做起，比如身上穿的、嘴里吃的、床上用的……这些幼儿都是比较熟悉的，可以减少抗拒性。家长要发挥自己的智慧，从一点一滴中，为幼儿良好的口语能力打下基础。

21．幼儿也会打"哇哇"

游戏目的：

引导幼儿连续而有节奏地发音，初步感知声音。

所需道具：

一张洁净的薄纸。

跟我一起这样做：

1．客厅里，幼儿和妈妈坐在一起。

2．妈妈先用手在自己的嘴上拍，发出"哇哇"的口音，然后拿着幼儿的小手在幼儿的嘴上拍。

3．当幼儿发出"哇哇"声时，妈妈拿出薄纸放在幼儿的嘴前，让幼儿观察纸张的振动，引导幼儿感知声音。

游戏延伸：

如果幼儿不能发出"哇哇"的声音，大人可以模仿发音，让幼儿看着你的嘴形。

拍打幼儿的嘴巴时，大人要引导性地发出"哇哇"的声音，示范给幼儿看。

游戏提示：

幼儿的皮肤都很敏感，帮助幼儿打"哇哇"时，不要太用力。

听听专家怎样说：

随着幼儿各种感觉器官的成熟，幼儿对外界刺激的反应越来越多，发音也越来越多。他们会出现较多的自发发音，能清晰地发出一些元音。家长可以充分利用这一有利条件，引导幼儿学会正确发音。

第二部分 2岁幼儿口语训练小游戏

22.春天来到

游戏目的：

让幼儿背诵儿歌，发展幼儿的口语表达能力。

所需道具：

准备一些有关春天的图片，如"春天""蝴蝶""蜜蜂"字卡及相应图片。

跟我一起这样做：

1. 妈妈边拍手边唱儿歌《春天到》："春天到，空气好。草儿绿，鸟儿叫。花儿朵朵开口笑，蜜蜂蝴蝶齐舞蹈。"

2. 鼓励幼儿一边拍手，一边跟着唱儿歌。

3. 之后，妈妈问幼儿："谁来这首儿歌里做客了？"幼儿回答："蜜蜂、蝴蝶，还有小鸟。"

游戏延伸：

妈妈教幼儿两遍儿歌后，让幼儿学习重点词句及动作：

"春天到，空气好"——双手上举，左右摆动。

"草儿绿，鸟儿叫"——左右拍手。

"花儿朵朵开口笑"——双手手腕相合。

"蜜蜂蝴蝶齐舞蹈"——学小鸟飞。

游戏提示：

教幼儿读儿歌的时候，可以一句一句地教，也可以半句半句地教。

在表演时，遇到重点词句时，速度要放慢，动作要夸张。

听听专家怎样说：

　　训练幼儿的语言能力，爸爸妈妈可以为幼儿讲故事、朗诵儿歌、看图讲述、表演对话等，在游戏中培养幼儿用已掌握的简单句说出故事、儿歌、图片中的简单事物，让幼儿在玩中开发语言。

23. 人物歌谣

游戏目的：

运用生活周围的声音、物品，帮助幼儿了解与模仿，激发幼儿的口语表达能力。

所需道具：

4幅挂图：爸爸、妈妈、哥哥、姐姐。

跟我一起这样做：

1. 妈妈和幼儿一起看挂图，说："妈妈会洗衣服，刷刷刷。"同时，做出洗衣服的动作。

2. 幼儿说："妈妈会洗衣服，刷刷刷。"

3. 妈妈和幼儿接着看挂图二，说出："爸爸会开汽车，嘀嘀嘀。"看挂图三，说出："姐姐会打电脑，嗒嗒嗒。"看挂图四，说出："哥哥会踢足球，嘭嘭嘭。"

4. 幼儿学着妈妈的样子说："爸爸会开汽车，嘀嘀嘀……"

游戏延伸：

当幼儿有一定印象后，可以说"大拇指是爸爸"，并帮幼儿给拇指套上"爸爸"指偶；然后依次套完4个指偶，最后再做动作，念几遍手指谣。

游戏提示：

刚开始，幼儿不会完整地唱出儿歌，爸爸妈妈应耐心地引导幼儿反复练习。

　　幼儿长到 2 岁的时候，已经能够唱一些儿歌和歌谣了。这时候，就可以充分利用唱儿歌、读歌谣的机会，培养幼儿的语感，锻炼他们的口语能力。

24. 小动物爱吃什么

游戏目的：

加深幼儿对各种小动物的认识，发展幼儿的语言表达能力。

所需道具：

各种小动物形象的卡片。

跟我一起这样做：

1. 妈妈把动物卡片展示出来，然后问幼儿："图上是什么小动物，它的名字叫什么？"

2. 当幼儿知道了图片上的小动物是什么小动物后，再问幼儿："×× 知道图上的小动物都爱吃什么东西吗？"

3. 幼儿回答说："小兔子爱吃胡萝卜……"

游戏延伸：

尽量让幼儿多说一些小动物爱吃的东西，把所知道的都说出来。

可以让幼儿说说有哪些小动物爱吃的东西是一样的。

游戏提示：

当幼儿不知道小动物爱吃什么东西的时候，妈妈则可以把小动物的有关知识教给幼儿。而且当幼儿说得好的时候，妈妈要及时给予表扬。

听听专家怎样说：

　　幼儿一般都喜欢小动物卡片，可以充分利用这些卡片，引导幼儿说话。

25. 蒸馍馍

游戏目的：

培养幼儿口语的节律、语言与动作的协调性。

所需道具：

无。

跟我一起这样做：

1. 妈妈与幼儿面对面坐下，左右手相互
交插放在桌子上。

2. 两人一边唱儿歌，一边轮流抽出下面
的手，然后搭在上面。

儿歌：

小狗熊，离开窝，来到河边蒸馍馍，和
好面，点着火，只有锅盖没有锅。

小狗熊，忙回窝，看窝气得发了火，里有锅没有盖，外有盖没有锅。

3. 每念完一句做动作一次，反复进行。

游戏延伸：

做这个游戏的时候，大手和小手要搭好，不能歪歪扭扭，否则就会失去游
戏的趣味性和难度。

游戏提示：

游戏时，儿歌不能念错，伸手要快，有节奏地进行。

此游戏也适合三个人一起玩。

听听专家怎样说：

　　幼儿长到2岁的时候，小手的灵活性逐渐增强，此时可以找些和
手有关的小游戏，一边锻炼幼儿两只手的灵活性，一边练习口语，逐
渐提高口语表达能力。

26.幼儿听妈妈说话

游戏目的：

为幼儿以后说话做准备，让幼儿将物体、行为与词语联系起来。

所需道具：

利用每一个机会讲解正在发生的事件。

跟我一起这样做：

1.坐车时，妈妈描绘一下左边的树木、灯光颜色和停车标志的形状："左边的是树林，树林是绿色的。前面是红灯，等会就会变成绿灯，绿灯跟树林的颜色是一样的。"

左边的是树林，树林是绿色的。前面是红灯，等会就会变成绿灯，绿灯跟树林的颜色是一样的。

2.带幼儿去超市购物时，为幼儿作讲解。

游戏延伸：

妈妈要不厌其烦地给幼儿讲解，并且发音要清晰，语言要简短明快，不论幼儿是否会做出反应。

游戏提示：

幼儿的听觉很敏锐，大人不断地跟幼儿说话，一下子可能听不懂，不过没关系，这些都会成为其以后开口的词语储备。

听听专家怎样说：

幼儿接触的第一个对象是妈妈，母子关系是幼儿与人交往的最根本的基础。妈妈要经常地抱抱或抚摸幼儿，要和幼儿多待在一起，要在密切观察和精心照料下培养好最初的母子感情，这样会让幼儿学会更多的词汇，丰富口语内容。

27．广播电台

游戏目的：

激发幼儿说话，提高其口语表达能力。

所需道具：

无。

跟我一起这样做：

1．家庭成员分别坐在四周，扮演不同的电台，比如奶奶广播电台、爸爸广播电台、幼儿电台。

2．妈妈打电话，拨到幼儿电台时，幼儿电台播放歌曲。

3．妈妈打电话，拨到幼儿电台时，幼儿就播新闻。

游戏延伸：

妈妈给电台打电话，幼儿可以播放不同的节目，比如读诗歌、念绕口令、打快板、吹口琴等。

游戏提示：

在这个游戏中，要让幼儿口齿清楚、有表情地讲述故事和朗诵诗歌。

听听专家怎样说：

2岁的幼儿，往往已经学会了一些简单的诗歌、绕口令等，让幼儿将这些熟记在心的东西背出来，加深幼儿的记忆，并学会使用这些语言。

28．传电报

游戏目的：

激发幼儿说话，培养幼儿的口语表达能力。

所需道具：

无。

跟我一起这样做：

1. 床上，爸爸、妈妈、幼儿坐在一起。

2. 爸爸在幼儿耳边说一些有趣的电报内容，如小猪在操场上跳迪斯科。

3. 幼儿听后，传给妈妈。

4. 妈妈说出电报内容，爸爸进行验证。

小猪在操场上跳迪斯科。

游戏延伸：

如果家里还有爷爷、奶奶，或者其他家庭成员，也可以让他们积极参与进来，逐渐提高传电报的难度。

可以说一些比较长的句子，让幼儿传递。

游戏提示：

在这个游戏中，要让幼儿口齿清楚地传话。

如果参加的人数比较多，可以尝试着将幼儿放在第三、第四的位置上。

听听专家怎样说：

传话游戏可以锻炼幼儿的反应能力，经常做这样的游戏可以培养幼儿的语感，还可以提高幼儿听力的灵敏度。

29. 当个小小营业员

游戏目的：

培养幼儿运用口语进行连贯讲述的能力，巩固其对物品特征的认识。

所需道具：

5～10件玩具。

跟我一起这样做：

1. 将玩具逐一放好，妈妈当营业员。

2．妈妈向幼儿介绍商品，指着玩具狗说："这是一只小狗，白白的毛，鼻子会闻气味。它有4条腿，有1条卷卷的尾巴，它会帮人们看门。你喜欢它吗？你想买它吗？"

这是一只小狗，白白的毛，鼻子会闻气味……你喜欢它吗？你想买它吗？

3．幼儿听"营业员"讲得好，将小狗买回去。

游戏延伸：

妈妈当完营业员之后，可以让幼儿当营业员介绍商品，游戏反复进行。

游戏中，还可以出现水果、蔬菜、交通工具、娃娃等各类物品。

可以让"顾客"描叙自己要买的物品特征，不说出名字，让营业员猜，猜对了就把物品卖给顾客。

游戏提示：

在这个游戏中，当幼儿当营业员的时候，要尽量让幼儿多说话。

如果幼儿了解的玩具特征太少，一时说不上来，可以给其提醒。

听听专家怎样说：

在幼儿的成长过程中，要多带幼儿去商场、超市等购物场合，让幼儿学习、认识如何买东西，这样不仅可以丰富幼儿的生活内容，还可以丰富幼儿的口语内容。

30．小蜜蜂，嗡嗡嗡

游戏目的：

促进幼儿语言智慧的发展，帮助幼儿理解语言和动作之间的关系。

所需道具：

蜜蜂头饰。

跟我一起这样做：

1. 妈妈和幼儿面对面坐在床上，妈妈戴上一个蜜蜂头饰扮演蜜蜂。

2. 妈妈一边念"一只小蜜蜂"一边用食指做"1"的动作，将两手放在头的两侧，念"飞到花丛中"时，伸出两手做飞的动作。

飞到东来飞到西。

3. 妈妈念"飞到东来飞到西"，分别向左右侧身，做"飞"的动作。

4. 妈妈念"飞来飞去嗡嗡嗡"夸张地用嘴发出"嗡嗡嗡"的声音，并将头靠近幼儿。

游戏延伸：

妈妈可以一边表演，一边教给幼儿，引导幼儿跟着说，跟着做。

可以给幼儿做一个头饰，学会之后，和妈妈一起玩"两只小蜜蜂"的游戏。

游戏提示：

做这个游戏的时候，为了增加幼儿的动作幅度，可以选择一个空地，或者在客厅里玩也行。

必要的时候，可以让爸爸也参与进来。

做游戏之前，可以先教幼儿学一下小蜜蜂的儿歌，要先让幼儿对将要做的动作有一个认识。

听听专家怎样说：

2 岁的幼儿已经能够理解语言和动作之间的关系了，这类游戏，不仅能够实现这一目的，还可以促进幼儿语言的发展。

31. 让幼儿聆听奇妙的声音

游戏目的：

熟悉各种声音，练习清晰的发音。

所需道具：

闹钟、电话或其他具有模拟性的发声玩具。

跟我一起这样做：

1．在大床上，幼儿依偎在妈妈怀里。

2．妈妈运用闹钟制造出声音，让幼儿猜猜这是谁发出的声音，发出的什么声音（模仿）。

3．妈妈说出某一事物，请幼儿模仿发声，比如"小蜜蜂，真辛劳，飞到东来飞到西……"

4．幼儿将声音补充完整："嘀嘀嘀，咔咔咔，嗡嗡嗡。"

小蜜蜂，真辛劳，飞到东来飞到西……

嘀嘀嘀，咔咔咔，嗡嗡嗡。

游戏延伸：

在模仿声音的同时或之后，妈妈可以与幼儿共同做动作。比如一边发出汽车喇叭的声音，一边与幼儿模仿手握方向盘跑动。当幼儿发出某种模拟声音后，可以进一步问幼儿："你在哪里听到的？"如果幼儿能够回答出来，有条件的话，还可与幼儿一起去该地点"考察"，来"验证"幼儿的发音。

游戏提示：

要巧妙选择会发音的物体，对幼儿从未听过的声音做出说明；对幼儿明显判断错误的声音，可以结合实际来进行纠正。

发音不存在唯一答案，要根据实际情况做出选择。

听听专家怎样说：

幼儿的模仿能力都特别强，家长要充分利用这一点，和幼儿做一些语言游戏，从而让幼儿接触更多的语言。

第三部分 3岁幼儿口语训练小游戏

32. 你来问，我来答

游戏目的：

通过问答的方法，激发幼儿的口语表达。

所需道具：

无。

跟我一起这样做：

1. 客厅里，妈妈和幼儿坐在一起，妈妈问："穿的东西是什么？"幼儿回答："穿的东西是衣服。"

（图中文字：穿的东西是衣服。 穿的东西是什么？）

2. 妈妈问："玩的东西是什么？"幼儿回答："玩的东西是皮球。"

3. 妈妈问："甜的东西是什么？"幼儿回答说："甜的东西是饼干。"

游戏延伸：

还可以问幼儿："吃的东西是什么？苦的东西是什么？酸的东西是什么？脚上穿的是什么？头上戴的是什么？……"

游戏提示：

父母要有韵律地念这些问题，也要让幼儿有韵律地回答，并要求说完整的话，不能只说："是××。"

每个问题，幼儿可以做出几种不同的回答，问题难度可以逐渐加大。

听听专家怎样说：

3岁的幼儿已经具有一定的联想力了，这时候，就可以和他们进行一问一答的游戏，不仅可以激发他们的联想，还可以进一步扩大他们的词汇量。

33．快速接龙

游戏目的：

通过接龙的方法，激发幼儿对语言的敏感性。

所需道具：

无。

跟我一起这样做：

1．床上，妈妈和幼儿坐在一起，妈妈说："大象大，老鼠……"幼儿回答："小。"

2．妈妈问："雪是白的，头发是……"幼儿回答："黑的。"

3．妈妈问："马跑得快，龟跑得……"幼儿回答说："慢。"

游戏延伸：

可以利用这些反义词，和幼儿做这样的一问一答的游戏，比如胖瘦、多少、高矮、轻重等。

游戏提示：

如果幼儿能力较强，可以鼓励幼儿考父母，由幼儿提出前一个词，父母说出后一个词。

听听专家怎样说：

　　3 岁的幼儿已经具备了一定的词汇，这时候，就可以利用近义词、反义词等，和幼儿做游戏。在这样一问一答的过程中，幼儿的词汇不仅会丰富起来，还可以引导幼儿理解不同词汇的意义。

34．你会怎么办

游戏目的：

发展幼儿的语言表达能力。

所需道具：

无。

跟我一起这样做：

1．妈妈问："当你在路上捡到钱的时候，你会怎么办？"幼儿回答说："交给警察叔叔。"

2．妈妈问："当你看到火灾的时候，你会怎么办？"幼儿回答："拨打119。"

3．妈妈问："当陌生人叫你跟他走的时候，你会怎么办？"幼儿回答："不走，想办法跑到人多的地方。"

游戏延伸：

妈妈还可以扩大提问范围，比如"当你看到别人的东西掉了的时候，你会怎么办？""当你迷路的时候，你会怎么办？……"

游戏提示：

仔细听幼儿的回答，如果幼儿答得好的话，及时给予鼓励和表扬。

如果幼儿确实不知道该怎么办时，家长就应该详细地向幼儿说明遇到上述问题时的处理方法以及理由。

听听专家怎样说：

3岁的幼儿已经学会思考了，这个游戏的主要玩法都是由妈妈或者爸爸向幼儿提出一些问题，然后让幼儿思考，如果他遇到这些问题的时候，会怎么办。从而锻炼其口语表达能力。

35．滚雪球

游戏目的：

丰富幼儿的词汇量，提高幼儿的语言表达能力。

所需道具：

无。

跟我一起这样做：

1. 游戏规则：先由家长说一个字，然后幼儿用那个字来组词。

2. 妈妈说："风——"幼儿说："大风——"……

3. 妈妈和幼儿轮流来组词，谁说不出新的词时，就可以换另外一个字再重新开始。

游戏延伸：

可以用其他词语开头，比如雨、雷、电等。

可以让幼儿先起头，然后妈妈来接词语……

游戏提示：

由于幼儿的词汇量有限，家长在出题的时候要尽量选择那些幼儿熟悉的字词。

当幼儿出现不会的情况时，家长可以给以适当的提示。

听听专家怎样说：

3 岁的幼儿已经具有一定的词汇量，可以想办法联系起来，对幼儿的词汇进行巩固，从而扩大幼儿的口语词汇量。

36. 幼儿来讲电视

游戏目的：

训练幼儿遵守规则，锻炼幼儿的意志力和自制力。

所需道具：

电视。

跟我一起这样做：

1. 妈妈和幼儿一起看动画片，比如《大头儿子小头爸爸》。

2. 一边观看，一边和幼儿谈论其中的内容，比如"看看小头儿子，正在整理床铺，因为离家前必须把房间打扫干净"。

看看小头儿子，正在整理床铺，因为离家前必须把房间打扫干净。

游戏延伸：

可以鼓励幼儿将故事中正在发生的事情说出来。

游戏提示：

家长可以每天都重复这件事情。

幼儿在表达一件事情的时候，大人要认真倾听。

在幼儿不能形象地表达出来的时候，家长要帮幼儿说出来，这样他就不会害怕了。

听听专家怎样说：

电视是幼儿认识世界的一个重要媒介，如果我们能够将电视和口语的学习训练结合起来，幼儿的语言内容也会一天天丰富起来。在看电视的时候，可以鼓励幼儿模仿里面的人物说话，也可以尝试着问幼儿一些和内容相关的问题……这种方法是可行的。

37. 幼儿自我介绍

游戏目的：

让幼儿了解和自己相关的信息，让幼儿学会用礼貌用语。

所需道具：

幼儿小书包一个。

跟我一起这样做：

1. 和幼儿玩"上幼儿园"的游戏。妈妈扮演幼儿园老师，幼儿背上小书包，从门口进来。

2. 幼儿见到"老师"鞠躬说："老师好。"接着，"老师"提问："你叫什么名字啊，小朋友？"幼儿顺利地回答这个问题。

3. 妈妈依次问幼儿："你爸爸叫什么名字？""你妈妈叫什么名字？""你家在哪里？""你家的电话号码是多少？"如果哪个问题幼儿回答得不清楚，家长要及时提醒。

4. 问话完毕，幼儿向老师鞠躬说："老师再见。"

游戏延伸：

可以和幼儿模拟在幼儿园的生活，想象一下老师的样子，想象一下课堂生活，从而增加幼儿的口语词汇量。

游戏提示：

提问中，幼儿如果不记得其中的某几项，可以隔一两天再做这个游戏，使幼儿能讲清楚。

听听专家怎样说：

幼儿看到由妈妈扮演的"老师"，会抵消对陌生人的恐惧感，这样以后幼儿再上幼儿园的时候也不会过分地害怕。通过这样的游戏，一则可以让他们了解一些礼貌用语；二则可以丰富幼儿的口语词汇量。

38.门外的你是谁

游戏目的：

培养幼儿的语言智能，发展幼儿的社会交往能力。

所需道具：

无。

跟我一起这样做：

1. 妈妈在门外敲门，幼儿在屋内问："你找谁啊？"

2. 妈妈先说一个幼儿不知道的名字，看幼儿怎样回答。

3. 幼儿回答："你找错了。"

4. 妈妈说爷爷奶奶的名字，幼儿回答

说："他们今天没有过来，星期天才过来。"

游戏延伸：

家长可以和幼儿互换角色，幼儿站在

门外问，家长在屋内回答，看幼儿能否记得清

家里所有人的名字。

游戏提示：

家长可以提前告诉幼儿家庭成员的名字，以及如何回答来访者的敲门声，

以便幼儿可以更好地和家长配合游戏。

玩游戏的时候，可以多说几个人的名字，让幼儿回答。

如果幼儿不知道该如何回答，可以提醒他。如果幼儿回答得好，可以给予

适当的鼓励；如果幼儿不知道该如何回答，可以及时提醒他。

听听专家怎样说：

幼儿听到敲门声，打开门看到家长站在门外问他问题，会很有趣

味地回答家长的问题。因为这个时候，幼儿会把自己当作一家之主，

认为自己的能力很强。家长要创造这样的情景，扩大幼儿的词汇量。

39. 纸杯电话

游戏目的：

开发幼儿的语言能力，促进亲子沟通，增进感情。

所需道具：

纸杯2个、绳子1根。

跟我一起这样做：

1．用绳子把 2 个纸杯串起来做成 2 个电话筒。

2．妈妈告诉幼儿，纸杯电话在妈妈有重要的话想对他说时就会响。

3．妈妈拿起其中一个纸杯电话筒扣在耳朵上，对幼儿说："铃铃铃，铃铃铃，纸杯电话响铃铃。"

4．幼儿拿起另一只纸杯来接电话。

游戏延伸：

通过纸杯电话，妈妈可以告诉幼儿想说的话。

可以让"纸杯电话响铃铃"，引导幼儿通过纸杯电话对妈妈说心里话。

游戏提示：

在做游戏之前，必须把电话做好。

打电话的时候，既可以把电话筒放到嘴边，也可以放到耳朵上。

听听专家怎样说：

当幼儿出现不良习惯又不听劝告时，可以通过幼儿对游戏的兴趣，表达对幼儿的期望，引导幼儿改正错误。注意倾听幼儿的心声，耐心地引导。

40．怎么办

游戏目的：

增加幼儿的词汇量，促进幼儿的语言发展。

所需道具：

无。

跟我一起这样做：

1．在幼儿开心时，跟幼儿玩问答游戏。

2．妈妈问："如果口渴了，怎么办？"幼儿回答说："喝水。"

3．妈妈问："饿了，怎么办？"幼儿回答说："找吃的。"

4．妈妈问："你困了怎么办？"幼儿回答说："睡觉。"

游戏延伸：

等幼儿熟悉了之后，再问幼儿一些复杂的问题。
比如"太热了，怎么办？"幼儿回答"脱衣服。"
妈妈继续追问："还有呢？"幼儿可能会回答：
"吹风扇。"可以让幼儿多讲几种办法，鼓励幼
儿出新点子。

游戏提示：

游戏之前，可以将一些日常的生活常识告诉幼儿。如果幼儿回答不上来，
可以给幼儿以提醒。

家长选择问题的时候，要注意选择简单的问题来问，否则，幼儿会觉得问
题太难而失去兴趣。

听听专家怎样说：

3 岁的幼儿已经有了一定的词汇量，可以找些问题来问他。在一
问一答中，加深印象，激发其语言的敏感性。

41．这样做好不好

游戏目的：

增加幼儿的语言词汇量，养成良好的生活习惯。

所需道具：

各种行为的卡片，或者图书。

跟我一起这样做：

1．妈妈把图书拿出来，问幼儿："图上的
小朋友，将香蕉皮随便乱扔，对不对？"

2．幼儿回答说：“不对。”妈妈问：“应该怎么做？”

3．幼儿回答说：“扔到垃圾桶里……”

游戏延伸：

尽量多问幼儿一些问题，比如睡觉前能不能吃饭，早上能不能睡懒觉，他人午睡的时候能不能大声叫喊，公交车上能不能抢座……引导幼儿回答出正确的答案。

游戏提示：

当幼儿不知道正确答案，或者回答错的时候，可以将正确答案告诉他。

为了让幼儿加深印象，可以多做几次这样的游戏。

听听专家怎样说：

3 岁的幼儿已经了解了一些日常行为习惯，可以将这些好的习惯作为题目给幼儿设置出来，以提问的方式，让幼儿学会更多的生活好习惯。

42．绕口令

游戏目的：

让幼儿在念绕口令时，锻炼口语表达能力。

所需道具：

绕口令卡片。

跟我一起这样做：

1．床上，妈妈和幼儿坐在一起。

2．妈妈拿起一张卡片，读起来：

送花。

华华有两朵红花，红红有两朵黄花。

华华想要黄花，红红想要红花。

华华送给红红一朵红花，红红送给华华一朵黄花。

华华有两朵红花，
红红有两朵黄花……

3．幼儿再一句一句地学习："华华有两朵红花，红红有两朵黄花……"

游戏延伸：

可以找些有难度的绕口令，让幼儿来学习。

游戏提示：

开始的时候，要找一些简单的绕口令，引起幼儿兴趣，让其体会成功的喜悦。

听听专家怎样说：

绕口令是一种游戏儿歌，这个游戏要求发音准确清楚，不读多字，不念走调，而且还有一定的速度要求。让幼儿说绕口令，不仅有利于幼儿口头语言能力的培养，而且还能锻炼幼儿的识记能力。家长要根据实际情况，有选择地教他们学习绕口令。

43．猜猜看

游戏目的：

锻炼幼儿的语言理解和分析判断能力。

所需道具：

皮球之类的玩具。

跟我一起这样做：

1．妈妈想让幼儿拿球，说："有一个东西圆圆的，一拍还会蹦起来，你给妈妈拿来吧。"

2．幼儿根据妈妈的描述做出判断，把皮球取来。

有一个东西圆圆的，这么大（配合做手势），一拍还会蹦起来，你给妈妈拿来吧。

游戏延伸：

可以用其他玩具玩游戏，比如羽毛球等。

游戏提示：

为了便于说明，在和幼儿说话的时候，可以辅助以动作，比如拍皮球的姿势。

听听专家怎样说：

　　幼儿一般都喜欢和家人一起做游戏，家庭成员要充分利用在一起的机会和幼儿做游戏。可以说出玩具的特征供幼儿去猜，从而提高幼儿的想象力和语言表达能力。

44. 讲故事

游戏目的：

培养幼儿的表达、记忆和想象力。

所需道具：

故事书。

跟我一起这样做：

1. 选择一则简单的故事，先讲给幼儿听。

2. 讲完后，让幼儿复述一下。

游戏延伸：

一边讲故事，一边向幼儿提问，引导他学会思考。

游戏提示：

开始时，家长说一句，让幼儿复述一句，渐渐地，家长只说出开头，让幼儿说后面的内容，直至完整地讲出来。

听听专家怎样说：

　　3 岁的幼儿都喜欢听故事，更喜欢读故事书，家长要利用这些机会，训练幼儿的口语。

45. 介绍相册

游戏目的：

锻炼幼儿的表达能力，扩大其词汇量。

所需道具：

家庭相册。

跟我一起这样做：

1.妈妈取出一本家庭相册，给幼儿介绍家庭成员。

2.妈妈给幼儿讲讲每张照片的故事。

3.幼儿给妈妈讲，家庭相册照片中都有谁。

游戏延伸：

家里来客人的时候，可以使客人配合一下，让幼儿给他们介绍家里的照片。

为了增加难度，照片中涉及幼儿本人的，可以让其叙述一下整个的照相过程。

游戏提示：

介绍的时候，不要强迫幼儿，如果幼儿不乐意，最好不要硬来。等幼儿心情好时，再和幼儿做这样的游戏。

听听专家怎样说：

　　每个家庭几乎都有相册，每张照片中都有鲜为人知的故事，如果幼儿能够看着这些照片，将照片中的人物、故事说出来，也可以进一步激发幼儿口语的积极性和敏感性。

第四章
奠定幼儿一生发展的根基
——蒙台梭利智能训练

蒙台梭利教育观认为，科学研究表明，婴儿出生后的头三年里大脑发育最快。在这一关键时期，如果能够有的放矢地实施早期教育，不仅可以有效促进大脑的发育，还可以有效促进幼儿的智力发展。要警惕的是，当敏感期消失之后，心智上的进步只能通过思维的加工、主观的努力和不倦的研究才能获得。因此，在敏感期内，如果幼儿生理和心理需求受到妨碍，就会失去最佳时机，使智力发育受到影响。

0～3岁幼儿智力发展水平标准

科学研究表明，婴儿出生后的前三年大脑发育最快。新生儿的脑重量约330克；9月龄婴儿的脑重量增加到660克；2岁末时，大脑的重量就为出生时的3倍，约为成人脑重量的75%；到3岁时，就已接近成人脑重量范围了。在这一关键时期，如果能够有的放矢地实施早期教育，不仅可以有效促进大脑的发育，还可以有效促进婴幼儿的智力发展。

那么，如何来判断0～3岁幼儿的智力发育水平呢？通常来说，可以参照下表来做比较：

个体行为发展 年龄	动作的发展		语言 的发展	社会行 为发展	情绪 发展
	大运动	精细动作			
出生	头会左 右移动	手能 握紧	哭得有力	抱起来 时安静	仅有激动状态
3个月	可以抱直、 头比较稳当	跟球能 转180°	会发 出笑声	会微笑	出现了愉快与 不愉快的情感体验
6个月	会仰卧 能翻身	自己寻找 玩具	会对 人发笑	能够喂 自己饼干	出现得意、喜爱、 厌恶、愤怒等情绪
1岁	独立 站立	能自己 盖瓶盖	会有意识地 叫爸爸妈妈	索物 不哭	
1岁半	行走 自如	方木塔 高四块	能说10 个单词	会坐盆 大小便	有了嫉妒、成 功与失败的体验
2岁	双足跳 离地面	方木塔 高八块	可以说唱两 句以上儿歌	会洗手 并擦干	—
2岁半	可以单脚 站2秒	会模仿 会画直线	能够说 出姓名	协助下 能穿衣	产生同情、感 谢等情感体验
3岁	会骑 三轮车	会折纸	能表达冷、 热、穿、饿 等需要	会扣 扣子	智力与情绪相互作 用、产生了意志

第 1 节　明确幼儿智力开发的意义

研究发现，3 岁前是幼儿智力发展最迅速的时期。如果把 17 岁的智力水平看作 100%，4 岁前就获得了 50% 的智力，其余的 30% 是在 4 ～ 8 岁获得的，剩余的 20% 则在 8 ～ 17 岁获得。由此可见，在小时候对幼儿进行必要的智力开发是非常重要的。

当今社会和未来社会要求具有创造力的人才，创造需要手脑并用，不仅需要发展认识能力，还要发展幼儿的操作技能。研究表明，右脑的记忆潜能是左脑的 100 万倍，大脑的能力很大程度上取决于生命初期的右脑开发。

一直以来，右脑都被誉为"创造之脑"，因为创造活动所需要的想象、直觉和灵感都主要来自于右脑。因此，要从幼年开始，重视发展智力的活动；同时，还要训练幼儿的动手能力，使手脑能力获得全面和谐的发展。

所谓智力开发，就是通过多种手段和方法，培养幼儿认识客观事物的能力，并运用所学知识解决实际问题的能力，包括语言能力、数学能力、观察力、记忆力、想象力、思维能力和创造力等方面。智力的发展，既是幼儿认识事物、学习知识所必需的，更是将来长大学习科学知识、技能所必需的。通过有目的、有计划地练习，可以促进幼儿智力的良好发展。

智力的发展，不仅包括认识过程的发展，还包括良好智力品质的培养和智力活动方法的掌握。良好的智力品质，是指各种智力能力反映的特性，比如注意的品质，主要包括注意的广度、注意的稳定性、注意的转移、注意的分配等；思维的良好品质，主要表现为敏捷性、灵活性、深刻性、独创性、批判性等。

为了培养幼儿各种智力的良好品质，作为家长，就要创设良好的教育条件，要根据培养各种智力品质的要求为幼儿设计各种智力游戏，并应在日常活动及上课中都应有意培养。

第 2 节 掌握幼儿智力开发的原则与内容

早期智力开发就是在幼儿具备某种能力之前的适当时期内，给他们提供恰如其分的感官刺激，促进大脑的发育，从而促使幼儿的先天潜能变为现实的能力。

蒙台梭利教授告诉我们，要在幼儿的发展早期，给感官以合理的刺激，从而增加反应的敏感性，启发幼儿的潜在智力，发展幼儿的感、知觉能力、动作及语言能力，使幼儿的记忆、注意、思维想象力和良好情绪和意志等得到发展。

通常来说，幼儿智力开发要遵循这样的原则：

1. 根据幼儿的个性特征，实施不同的教育

不同的幼儿，由于遗传素质、生活环境、接受教育及个人努力程度不同，在身心发展的可能性和发展水平上存在着差异，其兴趣、能力、性格也都不同，即使是双胞胎，其智力水平也不完全相同。

要根据每个幼儿的个性特征，实施不同的教育；而且也不能把父母的兴趣爱好强加在幼儿身上，对智力发育落后的幼儿更要发掘他们的特长，激发他们的兴趣，增强他们的信心，从而有力促进其智力的发展。

2. 不要包办代替，避免过度教育

对幼儿危害最大的一种教育方法是过度教育。过分的保护包办代替，会剥夺幼儿练习正常动作的权利和机会，限制其智能的发展；好奇好动是幼儿的天性，过多地干涉会使幼儿胆小、怕事，也会助长他们的反抗心理；过分保护和干涉培养出来的幼儿缺乏独立性、自立性；过度期望会给幼儿造成压力，使幼儿出现神经衰弱、恐惧、逃学、旷课等。

3．寓教育于游戏、讲故事之中

做游戏和讲故事是最生动、具体的教育形式，适合幼儿智力发育，有利于智力的发展。组织幼儿游戏时应注意四个方面，即游戏的活动性、创造性、知识性和角色性。也就是要通过游戏活动促进幼儿的动作的发展、言语的发育，发挥他们的创造性，促进思维和想象力的发展。需要注意的是，故事内容要适合幼儿的智力水平，言语要生动。

4．不能操之过急，要循序渐进

神经系统的发育成熟是有一定先后顺序的，幼儿的智力发育也是有一定规律的，所以在对幼儿进行教育时，要遵循生长发育的规律和知识本身的顺序性，由易到难，由浅到深，不能超过他们的实际水平和能力，不能操之过急；否则，会妨碍幼儿智力的发展。

5．因势利导，遵循大脑的发育规律

为了发展幼儿的智力潜力，要根据其大脑发育的每个阶段的特点进行训练，遵循大脑发育的规律性，抓住大脑发展的关键时机，提供合适的环境条件。既要注意刺激、诱发幼儿智力的发展，又要重视培养、发展幼儿的良好行为和个性品德。

第3节 尊重幼儿智力发展的内在敏感性

幼儿是怎样从一无所知，发展到获得各种智力的呢？这与敏感期有着密切的关系。

幼儿的敏感期，指的是在初期发育阶段所具有的一种特殊敏感性。在其敏感期内，幼儿可以学会自我调节，可以掌握某种东西。正是这种敏感性，使幼儿能够用一种独特的、强烈的方法来对待外界事物。

在敏感期内，他们对一切都充满了好奇，能够轻松地学会每件事情。蒙台梭利认为，幼儿的敏感期一共有七种：秩序敏感期（0～4岁）、感官敏感期（0～5岁）、语言敏感期（0～6岁）、动作敏感期（0～6岁）、细节敏感期（1.5～4岁）、社会规范敏感期（2.5～6岁）、书写（3.5～4.5岁）和阅读敏感期（4.5～6岁）、文化敏感期（6～9岁）。

敏感期是自然赋予幼儿的生命魔力，当敏感期消失之后，心智上的进步只能通过思维的加工、主观的努力和不倦的研究才能获得。因此，在敏感期内，如果幼儿生理和心理需求受到妨碍，就会失去最佳时机，使智力发育受到影响。

在幼儿的敏感期内，家长该如何做呢？首先，要把握幼儿敏感期的总原则，具体来说，有这样五方面：

1. 把幼儿当作有完全行为能力的个体

每个幼儿都是天生的学习者，家长要尊重幼儿的自然属性，让他们循着自然的成长法则健康成长。蒙台梭利认为，幼儿是能够在正常的环境中不断地成长为"更有能力"的个体的，父母的责任是为幼儿提供一个正常的环境。要把幼儿当作是有完全行为能力的个体。

2. 细心观察幼儿敏感期的出现

改变观念之后，父母必须时刻注意幼儿敏感期的到来。每个幼儿都有敏感期，但不是每个幼儿的敏感期都是一成不变的，恰恰相反，每个幼儿敏感期出现的时间并不相同。因此，父母认真地观察，以客观的态度细心观察幼儿的内在需求和个别特质，把握幼儿敏感期的到来，给幼儿提供必要的帮助。

3. 鼓励幼儿独立探索、勇敢尝试

在适当的环境里，幼儿会感到自由而快乐，会感受到父母的尊重和信赖。虽然幼儿还不会用语言表达出来，可是他们会用其他的方式给父母以最明显的回答。家长要鼓励幼儿独立探索、勇敢尝试，幼儿就会在这种环境里自由探索、大胆尝试，不知不觉中，幼儿的天赋就会得到很好的发挥。

4. 及时提供必要的环境和条件

父母要对幼儿的言行举止进行认真的观察和分析，作出客观的评价。一旦确定幼儿到了某一个敏感期，就要竭尽全力为幼儿创造满足需要的条件和环境，促进幼儿智力的发育和成长。

5. 成人多协助，不干涉

在这个过程中，幼儿可能会做出一些让父母意想不到的事情。这个时期，幼儿所做的事情可能是他无法完成的，可能还是一种添乱的举动。遇到这种情况，很多父母都会出面干涉，其实，这是不对的。要尽量帮助幼儿寻找其合理性，必要的时候给幼儿以积极的指导。

当然，这里不是主张对幼儿放任自流，而是发挥父母的主导作用，发挥幼儿的主体作用。父母只要在一旁给予适时协助和指导，就可以了。

第五章
打开幼儿智力活动的门户
——蒙台梭利注意力训练

　　幼儿注意力的培养不仅关系幼儿智力的发展，还会对幼儿学习的效果产生影响。而在注意力的养成方面，幼儿注意力的形成虽然与先天的遗传有一定的关系，但后天的环境与教育的影响更为重要。所以，家长要根据幼儿的身心发展规律与特点，为他们创造良好的教育环境，从幼儿一出生就有意识地培养他们的注意力，帮助他们养成良好的注意品质与能力。

0～3岁幼儿注意力发展特点

蒙台梭利通过大量的实验表明，0～3岁幼儿注意力的发展会呈现出以下这样的一些规律：

0～3个月的幼儿

◎曲线与直线比较，幼儿更喜欢曲线。

◎规则图形与不规则图形比较，幼儿更喜欢规则图形。

◎对称的物体与不对称的物体比较，幼儿更喜欢对称的物体。

◎轮廓密度大的图形与密度小的图形比较，幼儿更喜欢轮廓密度大的图形。

◎具有同一中心的图案与无中心的图案比较，幼儿更喜欢有同一中心的图案。

3～6个月的幼儿

◎对外部世界更加好奇，探索和学习的驱动力活跃起来。

◎对物体的观察和操作能力得到发展，注意的质量得到提高。

◎头部运动、双手触摸和抓取技能更加精细和稳定，获取信息的能力得到扩展。

◎视觉注意更加发展，视觉搜索平均时间变短，喜欢复杂和有意义的视觉模式。

6～12个月的幼儿

◎出现了对熟人和陌生人的选择性反应。

◎会用更长的时间去探索事物，进行社会交往，获得新信息。

◎注意力不仅表现在视觉选择上，还表现在抓取、吮吸、倾听、操作和运动的选择上。

1～3岁的幼儿

◎有意注意逐渐形成。在1岁左右，幼儿的有意注意会慢慢形成，但是持续的时间并不长，而且非常不稳定，处于萌芽阶段。

◎语言成为吸引注意的重要因素。1岁以后，幼儿能说出一些单音重叠词，能够以词代句、以音代物，对成人的言语指令做出相应的反应。因此，当他听到成人说出某个物体的名称时，会相应地注意那个物体，并对图书、图片、儿歌、故事、电影、电视等产生浓厚的兴趣。

◎物体永存概念开始形成。1岁以后，幼儿会明白当一个物体从眼前消失，被移动到其他地方时，这个物体仍然存在。这时候，幼儿的注意活动会更加具有持久性和目的性，不再受物体出现与否的影响。

◎注意力受表象的直接影响。表象是指物体不在眼前时，其特征在人头脑中的反映。一般来说，在1.5～2岁，幼儿会产生表象这一心理现象。表象一旦出现，幼儿的注意力就会接受表象的直接影响。当眼前的事物和其表象出现矛盾或较大差距时，幼儿会产生最大的注意。

0～3岁，幼儿对事物的注意不是随意的、被动的，而是由刺激物本身的特点所引起的，缺乏目的性。具体来说，主要有以下几个特点：

1. 和幼儿的个性气质有关

影响幼儿注意力的主要因素，主要在于其与生俱来的个性和气质特点。注意力的持久性与易分散程度，在不同的幼儿身上会有不同的表现，比如一个持久性强的幼儿受到短时间的干扰，会很快回到主题上来；持久性较弱的幼儿，即使是受到一丁点的外界干扰，都无法再将注意力集中起来。

2. 以兴趣为出发点

0～3岁的幼儿不会因为爸爸妈妈的意愿而对一件物品集中注意力，他们只会对自己感兴趣的物品着迷。所以，家长跟着幼儿的兴趣走，感兴趣的自然就是幼儿最喜欢的，也更能让他们集中注意力。

3. 随意的、不稳定的

幼儿的注意力是非常不稳定的、非常随意的，前一秒还被一种东西吸引着，但后一秒很可能又被其他事物所干扰。所以，蒙台梭利认为，不要让幼儿一次注意太多的物品。

4. 时间短暂

幼儿注意力集中的时间是有限的，研究发现年龄越小的幼儿，注意力集中的时间也越短。即使是他们感兴趣的东西，也不会像大人那样保持长久的注意力。

5. 需要互动性

如果没有互动性，幼儿的注意力会很快转移。但是，一旦存在着互动，情况就会完全不同了。这时候，幼儿的兴趣会倍增，注意力也会持久。

第1节　明白注意力对幼儿智力发展的意义

注意，是人们都熟悉的一种心理现象，人们的心理活动指向并集中于一定的事物，这就是注意。心理学上，注意主要包括两个重要的方面：指向和集中。

所谓"指向"，是指心理活动在每一瞬间内都会有选择地反映一定的事物。

所谓"集中"，是指被指向的事物在人脑中能得到最清晰、最完全的反映。

当幼儿专心听故事、看动画片、看绘本时，对故事、动画人物、绘本的内容就会获得一种非常清楚的感知，而对周围人们的说话、活动则会视而不见，这就是注意的表现。

注意，和人们的认识过程是紧密联系在一起的，总是与感知、记忆、想象、思维等密切伴随，并不是孤立存在的。注意是幼儿心理活动的一种积极状态，注意的发展对幼儿的学习、认知有着非常重要的意义。离开了注意，幼儿的认知活动是不可能很好地进行的。

蒙台梭利教授认为，幼儿的注意在其心理的发展中具有重要意义。

1. 对幼儿的智力水平有一定的影响

蒙台梭利的许多观察和实验都表明，幼儿智力的发展与他们的注意水平有很大的关系。一般来说，注意集中、稳定的幼儿，智力发展较好；而注意力不集中、不稳定的幼儿，智力发展较差。

2. 影响幼儿对新知识的接受效果

幼儿注意的发展会影响幼儿对新知识的接受效果。如果幼儿在游戏、作业、活动中，注意不能指向、集中，那么什么也看不到、什么也回忆不起来、什么问题也得不到解决。

研究发现：学习知识效果好的幼儿的注意都是非常集中，而且能够在较长时间内保持这种集中。而那些学习知识效果不好的幼儿，往往是注意都不能集中在一起。

总之，幼儿注意的培养不仅关系幼儿智力的发展，还会对幼儿学习效果产生影响，必须从小认真培养，家长一定要认识到这一点，对幼儿多一些关注，对注意力的发展多一些了解和认识。

第 2 节　掌握运用蒙台梭利教育法
培养幼儿注意力的具体方法

蒙台梭利教授告诉我们，培养幼儿的注意力，要从 0 ～ 3 岁开始。为了培养幼儿的注意力，一般来说可以通过下面的这些方法：

1．营造一个安静、简单的环境

幼儿注意稳定性差，容易因新异刺激而发生转移，这是 0 ～ 3 岁幼儿的一个普遍特点。因此，父母应根据这一特点，排除各种可能分散幼儿注意的因素，为幼儿创造一个安静、简单的物质环境。

（1）为了有效避免他人的来回走动影响到幼儿活动，幼儿进行安静游戏或看图书的地方要远离过道；墙面布置，不要过于花哨，干净整洁即可；电视机、糖果等可能吸引幼儿注意力的物品，最好摆放在较远的位置。

（2）父母要注意调整自己的言行举止，适时地对幼儿提出适当的要求，与幼儿形成良好的互动模式。例如，当幼儿正在全神贯注地做某件事时，大人最好不要去随意打扰。否则，幼儿短短几分钟的活动就被大人打断，时间一长，必然会影响到他们的注意力。

2．让幼儿的生活节奏有规律起来

研究发现，幼儿一天的生活节奏会影响到他们的注意力。因此，家长要注意安排好幼儿的生活作息，让幼儿的生活有张有弛、动静交替。

例如，如果幼儿刚在外面玩回来，最好不要让他们立即画画。因为，在户外跑来跑去，幼儿的心跳会加速，全身的每一个细胞都处于一种兴奋状态；进到室内后，幼儿很难立刻进入到绘画等安静活动中。如果强行要求幼儿立刻安静下来，集中注意力，是不太现实的。

3. 培养幼儿的自我约束力

0～3岁的幼儿，自控能力一般都比较差，很难将自己的注意力集中起来。当出现新异刺激时，成人可以约束自己不去关注它，但幼儿却很难做到。因此，为了培养幼儿的注意力，可以有意识地创设情景逐渐提高幼儿的自我约束能力。

（1）和幼儿一起做游戏。例如，与幼儿一起玩"指挥交通"的游戏，让幼儿扮演交通警察，事先约定每班交通警察要站1分钟的岗，时间到后才能换岗。在游戏中，对注意持续时间的要求可以循序渐进地提高。事实表明，通过不同的游戏活动，可以让幼儿慢慢地将外在的游戏规则内化为一种内在的自我约束。

（2）有意识地增加干扰因素。比如，在幼儿做事时，家长可以把他感兴趣的玩具、图书或糖果等放在其旁边。当幼儿要放弃当前的活动时，家长要明确提出要求，让幼儿集中注意力。

4. 培养幼儿注意事物的广度

有些注意力差的幼儿，不能同时注意多个事物。为此，家长要有意识地设计一些活动来培养幼儿的注意广度。比如"猜物游戏"。

游戏中，可以在幼儿面前摆放上汽车、球、铅笔等多种物品，让幼儿观察几秒钟，然后让他闭上眼睛，趁机悄悄拿走几样物品；最后，让幼儿说出哪些东西不见了。这个游戏，要求幼儿在观察时能快速地注意到几个物品，从而使其注意力的广度得到锻炼。

5. 激发幼儿对活动的兴趣

兴趣，是幼儿活动的内在推动力，是直接影响幼儿注意力的一种情感系统。为了维持幼儿对某一活动的持续兴趣，要使注意活动内容的难度适合幼儿的年龄水平。如果活动超出了其驾驭的范围，即使形式再有趣，也不能吸引他们的注意；如果任务难度过低，对幼儿来说没有一点挑战，他们也不会感兴趣，不能集中注意力。

6. 明确活动的目的和要求

在活动之前，家长要帮助幼儿明确活动的目的和要求。在活动过程中，要及时提醒幼儿，使其注意力始终指向某个方向。需要注意的是，家长向幼儿提出活动目的和要求时，要求一定要具体，要有明确的指向性，笼统模糊的要求对于幼儿维持注意并没有太多的积极作用。

幼儿注意力的形成虽然与先天的遗传有一定关系，但后天的环境与教育的影响更为重要。家长要根据幼儿的身心发展规律与特点，为他们创造良好的教育环境，从幼儿一出生就有意识地培养他们的注意力，帮助他们养成良好的注意品质与能力。

第3节 走进幼儿注意力训练游戏大乐园

第一部分 1岁幼儿注意力训练小游戏

1.摇拨浪鼓

游戏目的：

通过声音吸引幼儿关注，培养幼儿集中注意力。

所需道具：

拨浪鼓。

跟我一起这样做：

1. 在幼儿清醒且精神状态不错的情况下，妈妈摇拨浪鼓等能发声的玩具，在幼儿的身体两侧交替着摇晃。

2. 幼儿听到声音，扭过头来。

游戏延伸：

可以将拨浪鼓放到幼儿手里，带动他一起摇响拨浪鼓。

游戏提示：

摇晃的声音一定要悦耳，并根据幼儿的注意情况变换节奏。

听听专家怎样说：

1岁的幼儿，对声音的好奇心比较强。家长可以通过声音吸引幼儿关注，对培养幼儿集中注意力很有帮助。

2. 撕纸

游戏目的：

通过让幼儿撕纸，培养幼儿集中注意力。

所需道具：

白纸或不易掉色的包装纸。

跟我一起这样做：

1. 幼儿坐在床上，妈妈给他
拿来一张白纸。

2. 幼儿不停地用两只小手撕
来撕去。

游戏延伸：

在幼儿身边放一个小纸篓，引导幼儿将撕好的纸放进纸篓里。

游戏提示：

开始的时候，如果幼儿撕纸的意识较淡，可以先引导他，然后让其进行
模仿。

为了提高难度，可以让幼儿渐渐撕得有规律一些。

> **听听专家怎样说：**
>
> 　　幼儿1岁大的时候，开始对自己能抓的小东西感兴趣，通常也非
> 常喜欢撕纸。这时候，给幼儿一些白纸或不易掉色的包装纸撕着玩，
> 也能集中他的注意力。因为撕纸过程中，幼儿的注意力会非常集中，
> 并能坚持较长时间。

3. 照镜子认五官

游戏目的：

通过照镜子辨认五官，培养幼儿集中注意力。

所需道具：

镜子。

跟我一起这样做：

1. 在幼儿面前放面小镜子，幼儿由妈妈抱着照镜子。

2. 照镜子的同时，妈妈指点幼儿认五官，来吸引幼儿的注意力。

游戏延伸：

可以让幼儿认识身体的各个部位。

游戏提示：

为了加深印象，可以让幼儿一边认识，一边用手摸摸。

听听专家怎样说：

可以在 1 岁大的幼儿面前放面小镜子，妈妈抱着幼儿照镜子。照的同时，妈妈可以指点幼儿认五官，来吸引幼儿的注意力。

---

4. 拽绳子

游戏目的：

通过拽绳子来吸引幼儿关注，培养幼儿集中注意力。

所需道具：

能响的挂件、绳子。

跟我一起这样做：

1. 将绳子系到挂件上，放到离幼儿不远的地方。

2. 空闲的时候，让幼儿用手拽着玩。

游戏延伸：

幼儿拽的同时，家长也可以跟他一起拽。

游戏提示：

绳子的长度要适合，太长了，不容易使劲；太短了，幼儿够不着。

>  **听听专家怎样说：**
>
> 给幼儿准备一个用手一拽就能响的挂件，可以使幼儿的注意力持续集中，还有利于培养幼儿的好奇心。

5. 请你帮我这样做

游戏目的：

训练听力注意力。

所需道具：

无。

跟我一起这样做：

1. 坐在床上，妈妈发出单一指令："帮妈妈去拿梳子。"幼儿去帮妈妈拿梳子。

> 帮妈妈去拿梳子。

2. 之后，妈妈发出三个指令："帮妈妈拿××、××、×× 三样东西过来。"

3. 幼儿做出正确的动作。

游戏延伸：

做到这些之后，可以发出四个指令、五个指令……逐渐提高难度。

游戏提示：

幼儿要做出正确的动作，就需要专注并理解，才能做出正确的动作。

> **听听专家怎样说：**
>
> 这类倾听游戏，是一种不错的提高注意力的方法。如果幼儿不集中注意力，很可能会听错，或听不清。这种游戏，可以有效提高幼儿的注意力。

6.敲积木

游戏目的：

锻炼幼儿双手配合操作物体的能力，培养幼儿的注意力及动作协调能力。

所需道具：

几块积木。

跟我一起这样做：

1．床上，拿几块积木放在幼儿的两只
手中，让他先熟悉一下。

2．教幼儿双手拿着积木互相敲击。

3．幼儿敲击积木。

游戏延伸：

可以敲铃铛、拨浪鼓，或拍手等。

游戏提示：

选择的积木要适合幼儿的小手，最好能让幼儿攥到手里。

> 🔊 **听听专家怎样说：**
>
> 　　家长给幼儿准备几块积木，让其敲着玩。这样的游戏，可以使其
> 持续集中注意力，也有利于培养幼儿的好奇心。

7.移动的洋娃娃

游戏目的：

延长幼儿集中注意力的时间。

所需道具：

准备一个服饰鲜艳、形象逼真的洋娃娃。

跟我一起这样做：

1．将幼儿仰放在床上，妈妈一只手拿着洋娃娃在幼儿面前水平方向轻缓

移动。

2．这样进行 1～2 次后，妈妈可改变洋娃娃的移动方向，如向前或向后垂直移动。

游戏延伸：

也可以使用其他玩具代替。

游戏提示：

移动幅度要小，移动频率要慢。

听听专家怎样说：

1 岁的幼儿可以集中注意力，但时间很短暂，注意的内容主要是人脸或色彩鲜艳、有响声的物体。这时候，可以做些这方面的游戏。

8．铃铛叮叮当

游戏目的：

刺激幼儿视觉，激发视觉注意力。

所需道具：

铃铛、气球、吹气娃娃、彩条旗子、动物玩具、父母的彩色大照片等。

跟我一起这样做：

1．妈妈把悬挂在幼儿床边的铃铛拿下来（不要让婴儿看到铃铛），在幼儿头的两侧摇铃，节奏时快时慢；声音时大时小。

2．一边摇一边对幼儿说："叮当，叮当，铃儿叮叮当！"仔细观察幼儿对铃声有无反应，比如幼儿听到铃声停止哭闹或者动作减少等。

游戏延伸：

在这之后，可以训练幼儿根据铃声找声源，先在右侧摇铃，幼儿头转向右边，并看铃铛在哪里，再在幼儿的左侧摇铃。

游戏提示：

如此，每天可以进行 2 ～ 3 次。

听听专家怎样说：

对于幼儿的生活环境，父母应该用心创设，可以在幼儿的床头上方两侧以及周围悬挂一些五颜六色的玩具，如小铃铛、小气球、吹气娃娃、彩条旗子、小动物玩具、父母的彩色大照片，这些都可刺激幼儿的视觉。

---

9. 你拍拍，我拍拍

游戏目的：

延长注意力集中的时间。

所需道具：

无。

跟我一起这样做：

1. 坐在床上，妈妈和幼儿双掌互拍。

2. 开始的时候，妈妈将双手固定位置，让幼儿的双手与妈妈的手互拍。

3. 接着，妈妈上下左右移动双手的位置，幼儿专注地进行拍掌活动。

游戏延伸：

可以不断变化双掌的位置，持续吸引幼儿的注意力。

游戏提示：

拍掌的时候，要和幼儿的手掌合上，不能闪空，以免伤了幼儿。

听听专家怎样说：

　　拍掌是1岁幼儿喜欢的游戏，可以多做些这样的游戏，提高幼儿的注意力。

10.顶牛游戏

游戏目的：

锻炼幼儿的听觉、触觉、运动协调能力和注意力，增加亲子感情。

所需道具：

无。

跟我一起这样做：

1. 床上，妈妈和幼儿头对头。

2. 妈妈对幼儿说"顶牛"。

3. 妈妈用额头轻轻顶着幼儿的额头，再轻轻扭动脑袋，幼儿也会顶过来。

游戏延伸：

可以和幼儿一起玩斗牛的游戏，妈妈拿一块红布扮演斗牛士，让幼儿扮演牛。

游戏提示：

顶头的时候，用力不要太猛，也不要猛然撞击幼儿的头部，以免伤到幼儿。

听听专家怎样说：

　　顶牛游戏，不仅可以让幼儿的听觉、触觉、运动协调能力和注意力都得到锻炼，还可以增加亲子感情，促进幼儿的情感完善。

第二部分 2岁幼儿注意力训练小游戏

11.戴帽子

游戏目的:

让幼儿练习嵌套的动作,提高其注意力。

所需道具:

各种空塑料瓶的瓶身和瓶盖。

跟我一起这样做:

1. 客厅里,妈妈把家里的各种空塑料瓶的瓶身和瓶盖分开,分别放成两堆。

2. 妈妈让幼儿来配对,给瓶子"戴上合适的帽子"。

3. 幼儿将一个盖子拧到瓶子上。

游戏延伸:

开始的时候,最好选择一些区别较大的瓶子。等到熟练之后,再找些区别较小的瓶子。

游戏提示:

瓶盖的大小要区分明显,让幼儿在动手操作中加强观察。

如果幼儿拧盖子有困难,大人可以先要求幼儿把盖子扣上。

最好游戏持续的时间长一些,从而提高幼儿的注意力。

> **听听专家怎样说:**
>
> 2岁的幼儿动手操作能力逐渐增强,这时候就可以通过手动动作的练习,培养他们的注意力。这个游戏的目的,就是要让幼儿练习嵌套的动作,提高其注意力。

12. 找相同

游戏目的：

找出相同物件，让幼儿的注意力集中到需要观察的地方。

所需道具：

一堆各种颜色的积木。

跟我一起这样做：

1. 桌上，摆放着一堆积木。

2. 妈妈拿出一块积木，说："现在，该你了！找出同这个一样颜色的积木。"

3. 幼儿积极寻找积木。

4. 幼儿找到了和妈妈颜色一样的积木。

游戏延伸：

这个游戏中，当幼儿能够掌握颜色和形状概念时，可以提高难度，让他找出同样颜色和形状的积木。

游戏提示：

从观察物件的单一特性到两重特性，需要一个过程，不要急于求成。让幼儿对单一特性充分注意和掌握后，再提进一步增加难度，以免幼儿感到厌倦。

听听专家怎样说：

幼儿长到 2 岁以上的时候，已经能够找出相同的物品了。这时候，就可以做些类似游戏，比如寻找相同的积木、寻找相同的水果，找出相同物件，不遗漏地完成分类，使幼儿的注意力集中到需要观察的地方，从而培养幼儿的注意力。

---

13. 走直线

游戏目的：

在听的过程中，培养幼儿的专注力。

所需道具：

无。

跟我一起这样做：

1. 幼儿和妈妈站在客厅里。

2. 妈妈向幼儿示范走直线。

3. 幼儿练习走直线，在走直线中练习专注。

游戏延伸：

等幼儿熟悉后，可以让幼儿练习手拿着物品（固体或液体）走直线。

游戏提示：

开始的时候，如果幼儿不乐意做，可以引导他一下。有了兴趣，他就会自己去做了。

听听专家怎样说：

幼儿的注意力培养不需要专门的训练，在日常生活中家长们只需要和幼儿玩一些有趣的游戏，就能够帮助幼儿快乐地学会这个技能。

14．一模一样

游戏目的：

在高度兴奋中凝聚起幼儿的注意力。

所需道具：

无。

跟我一起这样做：

1. 妈妈和幼儿坐在沙发上。

2. 妈妈一边说"眼睛""鼻子""嘴巴""耳朵""手""脚"……一边触摸自己

五官和四肢。

3．幼儿模仿着做，一边说"眼睛""鼻子""嘴巴""耳朵""手""脚"……一边触摸自己五官和四肢的相关部位。

4．比一比，谁正确率高且速度快。

游戏延伸：

开始的时候，可以一个部位、一个部位地说，随着幼儿熟练程度的加强，可以连续说三个部位，比如"眼睛、鼻子、嘴巴"，让幼儿连续触摸，说的速度也可逐渐加快。

游戏提示：

游戏中，不强调左和右，比如你触摸左耳朵，幼儿可以因面对面而模仿着触摸自己的右耳朵。

听听专家怎样说：

摸五官这样的游戏，幼儿一般都喜欢玩，而且会兴趣十足。多做这样的游戏，可以让幼儿在高度兴奋中凝聚起注意力，培养他们耐久的持续力。

15．小帮手

游戏目的：

引导幼儿集中注意力，培养幼儿形成良好注意力。

所需道具：

家长的拖鞋。

跟我一起这样做：

1．客厅里，妈妈对幼儿说："妈妈的拖鞋在哪里呢？ ×××帮我找找。"

2．幼儿走进卧室，积极寻找拖鞋。

3．幼儿将找到的拖鞋交给妈妈。

妈妈的拖鞋在哪里呢？XXX帮我找找。

游戏延伸：

可以让幼儿帮忙找你的手袋。手袋要一直放在规定的地方，待幼儿熟悉后，悄悄挪动位置，但不要藏匿，让他稍加寻找就可以看见。同样的游戏，可以换成找衣服等。

游戏提示：

幼儿找到后，要感谢他，使其获得成就感；并引导幼儿说出物品应该放在何处。

听听专家怎样说：

幼儿对妈妈的日常用品很关注，利用这个特点可设计一些游戏。比如出门前，让幼儿帮忙找手袋、回家帮忙拿拖鞋等，这些小游戏都可以明确寻找物件的游戏目标，引导幼儿集中注意力，培养幼儿形成良好注意力。

---

16. 给小狗熊穿衣服

游戏目的：

不仅可以培养幼儿的注意力，还能让幼儿做事更有耐心。

所需道具：

穿着衣服的小狗熊玩具。

跟我一起这样做：

1. 床上，妈妈先将小狗熊的衣服统统脱下来。

2. 妈妈说："小狗熊挺冷的，快给它穿衣服吧，要是冻坏了，怎么办？"

3. 幼儿将小狗熊的衣服，一件一件地穿上去。

> 小狗熊挺冷的，快给它穿衣服吧，要是冻坏了，怎么办？

游戏延伸：

可以将规整的玩具拆开，让幼儿重新组装。

游戏提示：

如果幼儿想自己拆，或自己打乱顺序，就要让幼儿自己进行，不要打消其游戏的兴趣。

在重新复原的过程中，如果幼儿遇到了问题，可以帮助他。

听听专家怎样说：

2岁的幼儿，已经有一定的记忆力了，这时候，就可以引导他们玩一些拆拆合合的游戏，让幼儿在不间断的拆合游戏中，提高注意力的集中时间。

17．摆杯子

游戏目的：

有效延长幼儿集中注意力的时间，培养其调控能力。

所需道具：

准备5～6个颜色各异的塑料杯子。

跟我一起这样做：

1．客厅的茶几上，摆放着几个颜色各异的塑料杯，幼儿和妈妈分别坐在两边。

2．妈妈说："现在，让我们将这些杯子一个个地摆起来吧。"

3．幼儿挑选着杯子，一个一个地往上摆。

现在，让我们将这些杯子一个个地摆起来吧。

游戏延伸：

可以给幼儿准备几块大小相同的积木、几个苹果等，让幼儿玩，逐渐增加难度。

游戏提示：

如果幼儿摆不起来，可以为其提供适当的帮助，让幼儿体会到其中的规律性。

听听专家怎样说：

摆东西这样的游戏，通过一个摆一个的动作，可以引导幼儿更加集中注意力，这个游戏的目的，就是有效延长幼儿集中注意力的时间，培养他们的调控能力。

18.放珠子

游戏目的：

培养幼儿的注意力，很好地锻炼手眼协调能力。

所需道具：

找一个窄口的瓶子和一些颜色各异的珠子。

跟我一起这样做：

1. 桌子上，摆放着一个窄口的瓶子和一些颜色各异的珠子，幼儿和妈妈坐在边上。

2. 幼儿将珠子一个一个地放进窄口瓶子里。

3. 幼儿将所有的珠子都放进了瓶子里，幼儿笑了。妈妈夸奖说："真棒！"

游戏延伸：

可以让幼儿将玩过的玩具都放回自己的"百宝箱"里，从而培养良好的注意力。

游戏提示：

开始的时候，幼儿可能动作比较慢，最好不要去催促他，要让幼儿自己慢慢做。

> **听听专家怎样说：**
>
>   放珠子这样的游戏，可以有效培养幼儿的注意力，而且，还可以锻炼他们的手眼协调能力，家长要多引导幼儿做这样的游戏。

19. 卡片配对

游戏目的：

培养幼儿的注意力和观察力。

所需道具：

几对不同图案的卡片。

现在，你将另一张相同的卡片找出来。

跟我一起这样做：

1. 床上，摆放着几对不同图案的卡片。

2. 妈妈从里边抽出一张卡片说："现在，×××将另一张相同的卡片找出来。"

3. 幼儿迅速找出另一张相同的卡片。

4. 两张卡片摆放在一起，妈妈说："完全正确。"

游戏延伸：

最好选择一些鲜艳的卡片图案。

为了提高难度，可以多准备几组卡片，图片之间的差别可以不太大。

游戏提示：

如果幼儿的积极性不高，可以先和他做些其他事情，然后再玩。如果幼儿找不出来，可以为其提供必要的帮助。

> **听听专家怎样说：**
>
>   配对游戏，可以培养幼儿的注意力和观察力。在平时的日常生活中，可以引导幼儿多做些这样的游戏，比如找相同花纹的盘子、颜色相同的衣服等。

20. 传悄悄话

游戏目的：

培养幼儿的注意力。

所需道具：

无。

跟我一起这样做：

1. 妈妈先小声地告诉幼儿一句话：
冰箱里有西瓜和苹果，没有饮料。

2. 幼儿用悄悄话的形式告诉爸爸。

3. 事后，再检查正确率。

游戏延伸：

说的句子可以长一些。

游戏提示：

可以根据结果来改变悄悄话的内容和长短，从易到难逐渐提高游戏的难度。

听听专家怎样说：

2 岁大的幼儿对悄悄话特别感兴趣，当他们自己能说悄悄话时，他们会很自豪。说悄悄话能有效地帮助幼儿集中注意力，同时还有助于幼儿学着调节声调。

---

21. 找积木

游戏目的：

锻炼幼儿的听觉注意、视觉注意和动作注意。

所需道具：

若干块颜色不同的积木。

跟我一起这样做：

1.将积木放在有一组抽屉的柜子前。

2．家长扮演木偶，对幼儿发出指令，"请把绿色的长方形积木装进第二个抽屉里""把红色的圆圈积木放进第一个抽屉里"，幼儿一一放好。

3．幼儿放好后，请他把积木找出来。

4．幼儿积极寻找。

游戏延伸：

幼儿和家长互换角色来玩，可以提高幼儿的积极性。

游戏提示：

可以用球、娃娃等玩具代替积木。

开始的时候，物品可以少几种，根据熟练程度再慢慢增加玩具数目。

为了让幼儿调动自己的注意力和记忆力，找的时候一次只找一块。

听听专家怎样说：

注意力不仅包括听觉注意、动作注意，还包括视觉注意。家长要想办法将这几方面的注意力都积极调动起来，引导幼儿养成良好的注意力。

22.什么东西不见了

游戏目的：

引导幼儿积极寻找，锻炼视觉注意力。

所需道具：

布娃娃、玩具熊、小皮球、积木。

跟我一起这样做：

1．在桌上摆放几件玩具，如布娃娃、玩具熊、小皮球、积木。

2．让幼儿说出玩具的名称，并在短时间内记住。

3．让幼儿闭上眼睛，家长拿走其中一种或几种玩具，再让幼儿睁开眼睛，问他："什么东西不见了？"

4．幼儿集中注意力去回忆，然后回答说："玩具熊。"

游戏延伸：

可以多准备几种玩具，增加游戏的难度。

游戏提示：

如果幼儿想不起来，可以给他提示一下。否则，一旦受挫，幼儿可能就不再玩了。

听听专家怎样说：

2 岁大的幼儿，已经能够集中注意力了。为了提高他们的注意力，可以有意设置一些干扰，锻炼他们在短时间里集中注意力，提高抗干扰能力。

第三部分 3岁幼儿注意力训练小游戏

23. 画幅合作画

游戏目的：

通过画画的游戏，延长幼儿集中注意力的时间。

所需道具：

白纸一张、油画棒。

跟我一起这样做：

1. 桌上摆放着白纸和油画棒。

2. 妈妈用深色粗笔画单线条图画。

3. 幼儿用深色粗笔在浅色线条上
描摹。

游戏延伸：

等幼儿掌握后，可以将描摹改为临摹，由横线条、竖线条等简单的线条
图，然后逐渐增加难度。

游戏提示：

妈妈在画画时，要注意所画内容的难易程度，争取和幼儿合作完成一幅
图画。

如果中间幼儿不愿意继续了，可以找些有趣的内容来激发幼儿，但不要
勉强。

听听专家怎样说：

画画最能培养一个人的注意力。在幼儿3岁的时候，可以引导
幼儿去临摹一些画，争取让幼儿坚持更长的时间，从而延长注意力
的时间。

24. 接数游戏

游戏目的：

通过接数游戏，提高幼儿的注意力。

所需道具：

1 ~ 10 的数字卡片。

跟我一起这样做：

1. 小桌旁，妈妈出示 1 ~ 10 的数字卡片，幼儿看后逐一读出数字。

2. 引导幼儿了解数字的排列，并加深其印象。

3. 妈妈说出几个数，幼儿接着往下数与妈妈一样多的数。例如妈妈数 1、2、3，幼儿数 4、5、6。

游戏延伸：

也可以让幼儿先数，家长接着数。

游戏提示：

游戏中，如果幼儿一时数不完整，可以给些提示。

如果幼儿兴趣浓厚，可以每次多说几个数字，时间持续得越长越好。

听听专家怎样说：

数数是一个培养注意力的好方法。家长可以有意识地教幼儿一些简单的数字，和幼儿进行补充练习。事实证明，这种方法不仅有利于提高幼儿注意力的广度，还能锻炼幼儿数学的敏感性，为将来数学知识的学习打下良好的基础。

---

25. 玩玩拼图

游戏目的：

鼓励幼儿对拼图进行研究、拼搭，提高幼儿的注意力。

所需道具：

拼图卡片。

跟我一起这样做：

1. 小桌上，零散地摆放着几张拼图。

2. 引导幼儿将拼图进行拼接，直至完成。

游戏延伸：

让幼儿玩拼图，开始的时候可以
从两三块开始，逐渐增加拼图的块数，
提高难度。

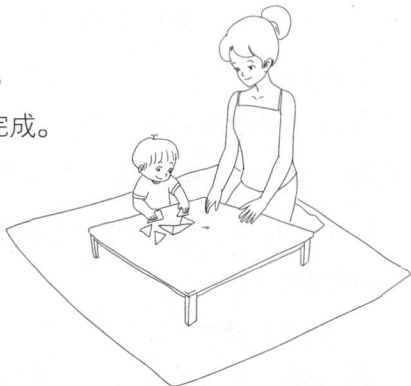

游戏提示：

拼图的难度要逐渐加大，要让幼儿有成功感，保持他对拼图的热情。

拼图要选幼儿熟悉的、喜欢的形象，比如小动物、卡通形象等，让他们完
成后有惊喜、亲切的情感收获。

如果幼儿入门困难，可以让他对照着完整图形进行拼搭，指点他注意图块
拼接处的特点。

听听专家怎样说：

拼图，不仅有漂亮的图案，还有动手的操作训练；不仅能培养
幼儿的联想力，还能引导幼儿养成良好的注意力。家长要引导幼儿
多做这样的游戏，鼓励幼儿对拼图进行研究、拼搭，提高幼儿的注
意力。

---

26. 我们一起去旅游

游戏目的：

激发幼儿的兴趣，扩大对事物的注意范围。

所需道具：

无。

跟我一起这样做：

1. 带幼儿在小区活动，指定一条路线，比如从小径到乐园，再到游泳池边……

2. 妈妈当"导游"："我们旅游去！穿过大花园（小径两旁的绿化），翻过高山（爬滑梯），啊，看到大海喽（游泳池）……"

3. 让幼儿当"导游"，说说"旅游风光"。

游戏延伸：

可以带着幼儿去公园、动物园，鼓励幼儿自己当"导游"。

可以让幼儿主动讲解。

游戏提示：

如果幼儿自己对"旅游地点"命名的，就不要去更正他，因为这不但能发展他的想象力，而且能发展他关注事物特点的能力。

听听专家怎样说：

幼儿一般都喜欢户外活动，尤其是一说到玩，更会兴致勃勃。家长要充分利用这一点，多和幼儿进行户外活动，将户外环境想象成一个个的场景，加以利用，从而扩大幼儿对事物的注意范围。

27. 听声音猜乐器

游戏目的：

培养幼儿的注意力，很好地锻炼手眼协调能力。

所需道具：

乐器，如小鼓、小喇叭、口琴。

是口琴。

跟我一起这样做：

1. 给幼儿展示三种小乐器，如小鼓、小喇叭、口琴，并分别演奏。

2．让幼儿熟悉各种乐器的发音特点。

3．蒙住幼儿的眼睛，演奏一种乐器，让幼儿猜猜是哪种乐器。

游戏延伸：

为了提高难度，乐器的种类可以多一些。

游戏提示：

乐器的种类可以随着幼儿年龄增长而增加。

听听专家怎样说：

　　几乎所有的幼儿都对音乐有着与生俱来的敏感性。早期对幼儿进行音乐训练，无论是对其智能发展还是性情发展都有着潜移默化的作用。这样的游戏需要幼儿专心投入才能准确猜出，所以能够锻炼幼儿的注意力。

28．穿木珠

游戏目的：

锻炼视觉注意和动作注意。

所需道具：

十几颗各种颜色的小木珠、两根细绳。

跟我一起这样做：

1．沙发上，摆放着十几颗各种颜色的小木珠和两根细绳。

2．妈妈一手拿小木珠，一手拿线，一边穿，一边说："看小木珠上有个小孔，线从这头穿进去，从那头穿出来，一个一个穿起来，变成一串小手链，套在手腕上，真好看！"

3．幼儿学着妈妈的样子，自己动手穿木珠。

看小木珠上有个小孔，线从这头穿进去，从那头穿出来，一个一个穿起来，变成一串小手链，套在手腕上，真好看！

游戏延伸：

可以玩些串珠子、串扣眼等游戏。

游戏提示：

如果幼儿已经准确认识了红、黄、绿等颜色，可以把各种颜色的木珠分开，按一定的规律将同颜色的两颗或三颗穿在一起，或一颗一颗间隔着穿。妈妈先穿好一串颜色间隔开的珠子，然后让幼儿模仿穿出一串相同颜色间隔的珠链。

幼儿穿的过程中，家长在一旁要多多鼓励。

听听专家怎样说：

串珠子、串扣眼之类的游戏，可以充分调动起幼儿的注意力。这个游戏，就是在幼儿的不停穿动中，让他们集中注意力，从而养成良好的注意力。

29.投球入瓶

游戏目的：

锻炼视觉注意和动作注意。

所需道具：

准备两个瓶口较小的玻璃瓶、几十个弹珠。

跟我一起这样做：

1.桌子上，放着两个瓶口较小的玻璃瓶和几十颗弹珠。

2.妈妈说："现在，开始放吧，放得越快越好，我来计时。"

3.幼儿把一个个的弹珠放进瓶子里。

4.幼儿将全部的弹珠都放进了瓶子里，妈妈看了下时间说："不错，3分钟。"

现在，开始放吧，放得越快越好，我来计时。

游戏延伸：

为了增加游戏的趣味，家长和幼儿一起比赛。

如果幼儿进行得很顺利，可以增大游戏难度，如选择瓶口更小的瓶子、改用勺子舀弹珠来代替用手投放等。

游戏提示：

玩的过程中，如果幼儿失去了兴趣，要鼓励他坚持下去，不要半途而废。

听听专家怎样说：

投弹珠的游戏，可以锻炼幼儿的视觉注意力和动作注意力。当幼儿的视觉和动作能够集中一段时间时，注意力自然也就提高了。

30.画路线图

游戏目的：

锻炼幼儿的视觉注意力。

所需道具：

无。

跟我一起这样做：

1. 散步时，家长和幼儿一起指出沿途看到了什么，比如好朋友的家、水果店、邮局、超市、花园等建筑物，告诉幼儿："回家后，我们要把散步时的路线图画下来。"

2. 回家后，幼儿画一张散步时的路线图，并注明沿途标志物。

游戏延伸：

幼儿画的同时，家长也一起画，等幼儿画完后，和幼儿的路线图相比较，看谁画得准确。

为了降低难度，只要幼儿画出大致的轮廓，就可以了，不用画得特别准确。

听听专家怎样说：

3岁大的幼儿一般都喜欢写写画画，可以让幼儿多做些这方面的训练，以此来培养他们形成良好的注意力。

31．开火车

游戏目的：

让注意力高度集中，锻炼幼儿的快速反应能力。

所需道具：

无。

广州的火车就要开了。

跟我一起这样做：

1．爸爸、妈妈和幼儿围坐一圈，爸爸当北京站，妈妈当上海站，幼儿当广州站。

2．爸爸拍手喊："北京的火车就要开了。"大家一齐拍手喊："往哪开？"爸爸拍手喊："往广州开"。

3．当广州站的幼儿要马上接口："广州的火车就要开了。"大家又齐拍手喊："往哪开？"幼儿拍手喊："往上海开。"

游戏延伸：

三人可以互换角色，重新玩，体会其中的乐趣。

游戏提示：

火车开到谁那儿，谁就得马上接上口。

"火车"开得越快越好，中间不要有间歇。

这种游戏要三人以上玩，一家三口就可以完成，如果有爷爷奶奶或其他小朋友参加，那就更好了。

听听专家怎样说：

这种开火车的游戏，需要幼儿口、耳、心并用，不仅能让幼儿将注意力高度集中起来，也能锻炼思维的快速反应能力。而且，这种游戏气氛活跃，能调动起人们的积极性，幼儿玩起来，自然乐此不疲。

32. 夹豆子

游戏目的：

调动幼儿的积极性，让幼儿更专心。

所需道具：

十几粒黄豆、一个塑料碗、一双筷子。

跟我一起这样做：

1. 桌上，摆放着十几粒黄豆和一个塑料碗。

2. 妈妈拿起筷子，夹起一粒黄豆，放入碗中。

3. 幼儿模仿妈妈的动作，用筷子夹起一粒黄豆，放入碗中。

游戏延伸：

可以逐渐让幼儿加快速度；也可以和幼儿进行比赛，看谁夹豆子的速度快。

游戏提示：

进行活动前，要考虑到环境的安排，要让幼儿在较安静的环境中做这样的游戏。

尽量避免太多声音、视觉的干扰。

听听专家怎样说：

只要是操作性活动就需要专心，比如夹豆子等游戏就是这样的。夹豆子是一个培养幼儿注意力的好方法，在夹豆子的动作中，幼儿的注意力自然也就提高了。

33. 玩迷宫

游戏目的：

调动幼儿的积极性，养成良好的注意力。

所需道具：

迷宫图。

跟我一起这样做：

1. 取出迷宫图，放到桌子上。

2. 让幼儿想办法走出迷宫。

游戏延伸：

可以和妈妈一起玩，看看谁最先走出迷宫。

游戏提示：

开始的时候，可以找些简单的迷宫图，随着幼儿年龄的增长，迷宫的难度可以逐渐加大。

听听专家怎样说：

玩迷宫游戏，需要幼儿集中注意力。可以为幼儿多提供一些这样的练习，来锻炼他的注意力。

34. 谜底就在图书中

游戏目的：

让幼儿学习专心听故事、看故事。

所需道具：

故事书。

跟我一起这样做：

1．跟幼儿一起阅读故事书。

2．妈妈向幼儿提问"故事中主要

人物是谁？主要讲的是什么故事？"等。

3．幼儿认真地回答问题。

游戏延伸：

妈妈可以多问一些问题，比如人物

之间的关系怎样？哪些行为值得学习？哪些行为不正确？

游戏提示：

如果幼儿还是不清楚故事内容，让幼儿尝试自己一边看书一边说故事，请

他反问家人问题。

听听专家怎样说：

读故事书，需要集中注意力，想要了解里面的内容更需要集中注

意力。在和幼儿一起读故事的时候，可以通过不断的提问，来延长幼

儿的注意力时间，从而培养他们形成良好的注意力。

35．给妈妈说说幼儿园发生的事

游戏目的：

通过回忆、讲述，培养幼儿的专注力。

所需道具：

无。

跟我一起这样做：

1．幼儿从幼儿园回到家里之后，问问

幼儿："老师说明天要进行哪些活动？"

2．幼儿回答说："明天早上我们要开亲子运动会。"

3．在家里，妈妈对幼儿说："记得告诉老师，明天请假一天。"

4．幼儿走进教室，对老师说："老师，明天请假一天。"老师问："为什么？"……

游戏延伸：

可以让幼儿将自己一天的幼儿园生活向家人讲述一遍。

游戏提示：

在家中可以先练习一下，比如去书房跟爸爸说一件妈妈交代的事情，从近距离、短时间的练习，逐渐发展到远距离、长时间的传话。

听听专家怎样说：

幼儿上了幼儿园，一旦有了重要事情，老师一定会和家长联系，可以让幼儿尝试讲出来，让他练习长时间的记忆；在听的过程中，幼儿需要一定的专注力，才会记得住，这是培养幼儿良好注意力的好时机。

36．玩扑克

游戏目的：

可以锻炼幼儿注意力高度集中和快速反应能力。

所需道具：

扑克。

跟我一起这样做：

1．取三张不同的牌（去掉花牌），随意排列于桌上，比如从左到右依次是梅花2、黑桃3、方块5。

2．选取一张牌记住，如梅花2。让幼儿盯住这张牌，然后把三张牌倒扣在桌上。

3．由家长随意更换三张牌的位置，然后，让幼儿猜梅花 2 在哪儿。如果幼儿猜对了，就胜利了。

游戏延伸：

家长和幼儿可以轮换着做这个游戏。

随着能力的提高，家长可以增加难度，比如增加牌的数量、变换牌的位置和提高变换牌位置的速度。

游戏提示：

玩牌的时候，要让幼儿集中注意力。

听听专家怎样说：

扑克是一种激发人智力的游戏，带着幼儿一起玩扑克，可以锻炼幼儿的注意力，让其学会集中精力做某件事情。

37．顶乒乓球

游戏目的：

可以锻炼注意力高度集中和快速反应能力。

所需道具：

乒乓球。

跟我一起这样做：

1．让幼儿把球放在球拍上。

2．幼儿顶住乒乓球不让它掉下来，绕桌子行走一圈。

3．大人在旁边进行有意捣乱，可以拍手跺脚，大喊大叫，可以故意用语言刺激："掉了！就要掉了！"但不能碰及幼儿的身体。

游戏延伸：

可以让家长和幼儿互换角色来完成。

游戏提示：

顶着乒乓球玩耍的时候，要让幼儿集中注意力，不能三心二意。
幼儿绕完一圈才算成功。

听听专家怎样说：

注意力不容易集中往往是因为幼儿的抗干扰能力较差。如果旁边再有人故意制造干扰源，进行人为干扰，幼儿会更难以集中注意。家长可以多设置一些这样有干扰、有难度的游戏，让幼儿将自己的注意力高度集中起来。

38．给数字画线

游戏目的：

锻炼幼儿注意力的高度集中和快速反应能力。

所需道具：

白纸和笔。

跟我一起这样做：

1．家长在一张纸上写出一组数字：
48755782686814408268103 7482685，
一式两份。

2．家长和幼儿各人一份，同时做，
看谁能够又快又好地将其中的"8"都消掉。

游戏延伸：

可以有三种题型：

（1）在某个数字下画线，比如划消下面数字中的"8"，487557826868144
082681037482685。

（2）在两个相同的数字下画线，比如660987553479934292239667573397。

（3）在两两相邻的数字下画线，这两两相邻的数字的和等于10，如25964

58736559154287537091087446。

逐渐提高难度。

游戏提示：

开始的时候，如果幼儿不会做这样的题目，可以先给幼儿讲解一下，等到他学会了，再做这样的练习。

听听专家怎样说：

　　这种游戏，可以让幼儿将注意力集中起来，还能够锻炼他们的快速反应能力。

39. 指数读字

游戏目的：

培养幼儿养成良好的注意力习惯。

所需道具：

白纸和笔。

跟我一起这样做：

1. 妈妈画一张有 25 个小方格的表格，将 1 ~ 25 的数字顺序打乱，填在表格里面。

2. 让幼儿以最快的速度从 1 数到 25，一边读，一边指出。

3. 幼儿读，妈妈帮忙计时。

游戏延伸：

等到幼儿掌握了规律，难度可以逐渐增加。

游戏提示：

开始游戏前，可以先教幼儿认读这些数字，等到幼儿能够按照正常顺序将数字一个个地读出来的时候，可以进行这样的训练。

40. 复述数字

游戏目的：

锻炼记忆力和注意力。

所需道具：

无。

跟我一起这样做：

1. 妈妈先数数："256。"然后，让幼儿复述。

2. 妈妈增加一位数："2568。"然后，让幼儿复述出来。

游戏延伸：

数字可以依次增加为：256，2568，25681，256812，2568126…字数越多，难度越大。

游戏提示：

每次只增加一位数。比如，家长报"256"，幼儿重复一遍；家长再报"2568"，幼儿再重复，家长再报"25681"，幼儿再重复，依此类推。

41. 找出图中隐藏的小羊羔

游戏目的：

引导幼儿延长注意力的时间，锻炼注意力。

所需道具：

图片。

跟我一起这样做：

1. 妈妈和幼儿一起看书——《丢失的小羊羔》。

2. 妈妈让幼儿将故事中隐藏的小羊羔找出来。

3. 幼儿一边看图，一边数："一只，两只，三只……"直至全部找出来。

游戏延伸：

可以让幼儿玩这样的一些游戏，比如在一大堆杂乱无章的图中找出一样东西；找相似图形中的异同（同中找异，异中找同）；比较图的大小长短；记住物品（在规定的时间内把一页图中的物品记住，然后合上书让他说出来）。

游戏提示：

如果幼儿没有找全，可以给幼儿以提示，提供适当的帮助。

听听专家怎样说：

幼儿在不断地寻找中，必须集中注意力。这样的游戏，一则可以锻炼幼儿的记忆力；二则可以锻炼幼儿的注意力；三则可以开发智力。

42. 搬离火柴棍

游戏目的：

引导幼儿延长注意力的时间，锻炼幼儿的注意力。

所需道具：

十几根火柴棍。

跟我一起这样做：

1. 桌子上摆放着十几根火柴棍，妈妈和幼儿坐在桌子两边。

2. 妈妈把多根火柴棍随意搭在一起，说："现在，轮到你了，将火柴棍一根一根地拿起来。"

3. 幼儿小心翼翼地将火柴棍一根一根拿起来。

游戏延伸：

可以多放一些火柴棍，增加难度。

游戏提示：

每拿起一根时，争取不触动其他的火柴棍。

听听专家怎样说：

这样的游戏对提高幼儿的注意力是非常有好处的。挪动火柴棍的时候，为了不碰触到其他的，需要幼儿将注意力高度集中起来，这就为培养良好的注意力提供了条件。

---

43. 钟表训练

游戏目的：

引导幼儿延长注意力的时间，锻炼幼儿的注意力。

所需道具：

钟表一个。

跟我一起这样做：

1. 幼儿拿着钟表，看它1分钟的走动。

2．如果幼儿1分钟内注意力没离开秒针，延长观察的时间到二三分钟。

3．等到确定了幼儿的注意力没离开秒针的最长时间后，再按此时间重复三四次。

游戏延伸：

逐渐延长时间。

游戏提示：

每次间隔时间10～15秒，如果幼儿能将注意力连续集中5分钟，已经是不错的成绩了。

听听专家怎样说：

观察钟表指针的走动，需要集中注意力。这样的游戏，可以让幼儿在认识钟表的同时，训练注意力。

44．抢背电话号码

游戏目的：

锻炼幼儿的注意力和记忆力。

所需道具：

一本电话号码本。

跟我一起这样做：

1．妈妈让幼儿看一两分钟电话号码本，让他记住某人的号码。

2．妈妈移开号码本，让他背出来。

3．幼儿在认真背电话号码。

游戏延伸：

开始的时候，可以找些有规律的、容易记忆的。然后，可以找些没有规律的来记。

家长和幼儿还可以轮换着背，比比谁厉害。

游戏提示：

开始的时候，可以让幼儿将整个电话号码分段来记。然后，逐渐增加难度，逐渐给幼儿提出更多的要求，比如在规定的时间里记住。

听听专家怎样说：

　　记忆数字的时候，需要幼儿集中注意力。平时，家长可以找些电话号码来让幼儿记忆，从而形成良好的注意力。随着幼儿记忆号码的水平不断提高，注意力水平也就提高了。

第六章
帮助幼儿获取知识的途径
——蒙台梭利观察力训练

通过多年的研究，蒙台梭利发现，0～3岁幼儿的观察力发展有着别样的特点。观察力是人们通过眼、耳、鼻、舌、身感知客观事物的能力，对0～3岁的幼儿来说，也是完成学习认知的必备能力。幼儿的学习认知是从观察开始的，即使是间接地从书本上获得知识，也离不开眼睛、耳朵等感觉器官的观察活动。要想让幼儿具有超出一般水平的思维能力，就必须使幼儿从小养成仔细观察的习惯，提高观察力。

0 ～ 3 岁幼儿观察力发展特点

通过多年的研究，蒙台梭利发现，0 ～ 3 岁幼儿的观察力发展有着别样的特点，具体来说，有以下几点：

幼儿 1 岁

1 岁时的幼儿，已经能够观察到一定距离和方向的物体。他们不喜欢看小而模糊的事物，喜欢看大而清晰的物体、图像。这一时期，幼儿的观察力离不开动作，他们不善服从于某一任务，观察也往往不准确、不全面。

幼儿 2 岁

这一年龄阶段，由于幼儿广泛地接触事物，观察力有了较大提高。他们能够观察一些简单的事物或图片，观察力持续稳定发展。

到了 2 岁，幼儿就能发现周围情况的变化和影响了。那些位置明显的物体容易被幼儿观察到，比如床上放的玩具、桌上摆的电视、墙上挂的钟表、身上穿的衣服等。而那些位置不明显的东西，则容易被忽略。

2 岁的幼儿，一般都喜欢观察颜色鲜艳的东西，比如颜色各异的鲜花、色彩艳丽的床单等；他们不喜欢颜色单调的东西，比如白色的墙壁和天花板等。

幼儿 3 岁

从 3 岁开始，幼儿初步具有了一定的观察力，但观察的目的性常常是不自觉的。这时候的幼儿，喜欢观察活动的物体，不喜欢观察静止的物体。比如他们喜欢看行驶的汽车、小鸡捉小虫子、小猫玩毛线球、小狗欢快地奔跑、金鱼自由地游泳等。

3 岁时，幼儿还不善于从整个事物中发现其内在的联系和一般的性质，观察概括的能力比较差。他们容易观察到物体的外形，容易忽略掉其他特征。例如，在一堆物品中，幼儿很容易将形状相同的物品归为一类。通常来说，差别大的物体容易被观察出来，差别小的物体不易观察。

第 1 节 获悉观察力对幼儿智力发展的意义

0 ~ 3 岁幼儿的眼睛，总是充满好奇的，他们对事物的观察力也很强。

其实，观察力是幼儿智慧的门户。蒙台梭利告诉我们，人的大脑所获得的信息，有 80% ~ 90% 是通过眼睛和耳朵吸收进来的。从这个意义上来说，观察力是智力活动的门户。

任何一个人，如果没有较强的观察力，智力很难达到高水平，更别说是幼儿了。著名生物学家达尔文说过："我既没有突出的理解力，也没有过人的机智，只是在观察那些稍纵即逝的事物并对其进行精细观察的能力上，我可在众人之上。"由此可见，观察力在幼儿未来的发展之路上发挥着重要的作用。

观察，是人类的一种有目的、有计划的感知活动，不是盲目的，更不是随意的。幼儿学习知识的过程，就是从观察开始的。蒙台梭利认为，幼儿有没有能力发现问题，对周围的事物有没有兴趣观察，是幼儿智力品质的重要表现。

观察力是人们通过眼、耳、鼻、舌、身感知客观事物的能力，对 0 ~ 3 岁的幼儿来说，也是完成学习认知的必备能力，属于智力品质的范畴。幼儿的学习认知是从观察开始的，即使是间接地从书本上获得知识，也离不开眼睛、耳朵等感觉器官的观察活动。

由此可见，幼儿具备良好的观察力，对智力发展有着非常重要的作用。

第 2 节 搜寻提升幼儿观察力的方法

蒙台梭利教育就是要把每一位幼儿都培养成为"观察家"。

在幼儿的成长过程中，随着幼儿知识经验的增多，他们能够注意并理解一些事物或现象之间的联系，比如看到下雨，就会联系到阴天、雷电和地湿；冬天到了，就会联系到下雪和寒冷；夏天到了，就会联系到炎热等。但是，一般来说，幼儿的这种理解是没有目的的，是偶然认识到的。要想让幼儿具有超出一般水平的思维能力，就必须使幼儿从小养成仔细观察的习惯，提高观察力。那么，哪些方法有助于提高幼儿的观察力呢？

1. 鼓励幼儿有计划地观察事物

观察，需要有计划地进行，没有计划，就不会取得良好的效果，是不利于提高观察能力的。如果想让幼儿观察家长如何做米饭，就要在观察活动开始之前，确定观察的目的，确定好这些问题：多少米？怎么淘？放多少水？大火烧多长时间？小火焖多长时间……鼓励幼儿自己观察。除此之外，还可以鼓励幼儿自己种一盆花，每天观察其变化。这样的观察活动，既有趣，又有丰富的内容，往往会取得不错的效果。

2. 指导幼儿养成良好的观察习惯

不管是在家里，还是外出游玩，可以随时确定一种观察对象，让幼儿进行有目的的观察。比如，观察一件工艺品的形态、颜色、特点、制作水平；观察做饭、做菜的全过程；观察山水、树木、花草……为了提高观察效果，还可以让幼儿一边观察，一边用语言进行描述。

父母与幼儿还可以互相评议，看看观察得仔细不仔细，描述得贴切不贴切。如果坚持下来，必然会提高幼儿的观察力。

3. 将观察方法教给婴幼儿

事实证明，从不同角度观察事物，会获得不同的信息和感受。因此，观察事物必须掌握不同的方法。常用的观察方法有：全面观察和重点观察；在自然状态下观察和实验中观察；长期观察、短期观察和定期观察；正面观察和侧面观察；直接观察和间接观察等。

观察不同的对象，有不同的目的，要事先考虑用什么样的观察方法。有时候，需要几种方法配合使用。

4. 观察事物，最好遵循感知规律

我们之所以要让幼儿观察事物，主要是为了让他们认识事物。感知是有规律的，应该遵循一定的规律去进行观察。

（1）达到一定的强度。

观察的对象必须达到一定的强度，才能观察得清晰、准确。因此，在观察前，对有可能提高强度的事物，要采取一定的措施提高其强度。比如，如果想让幼儿观察人的肌肉，最好等到肌肉绷紧时，看得最清楚；如果想让幼儿观察蒸气的特点，最好让水壶里的水要满到一定程度，效果最好。

（2）关注不同物体间的差异性。

研究发现，被观察的对象与背景反差越大，观察效果越好。因此，要设法增加观察对象与背景之间的差异，如果想带着幼儿观察一种昆虫的形态、颜色，最好把它放在白纸上，这样反差比较大，观察效果会好些。

（3）充分利用事物之间的对比性。

事实证明，两个显著不同甚至对立的事物容易观察，要想取得良好的观察效果，可以把具有对比意义的材料放在一起进行观察。为了提高幼儿的观察力，可以把两种不同的苹果放在一起，对它们的形状、颜色、大小进行比较。

（4）多观察活动的物体。

一般来说，运动中的对象容易吸引人的注意。因此，带着幼儿观察某些事物时，既要观察静止的情况，又要查看活动中的情况，这样才能取得良好的观察效果。

第3节 走进幼儿观察力训练游戏大乐园

第一部分 1岁幼儿观察力训练小游戏

1. 小鸟，小鸟，啾啾，啾啾

游戏目的：

通过使幼儿转动眼珠，提高其观察力。

所需道具：

无。

跟我一起这样做：

1. 妈妈抱起幼儿，看着幼儿的眼睛。

2. 为了吸引幼儿的注意力，妈妈在幼儿的眼前晃动食指。

3. 向左晃动食指，幼儿的目光随之移动。

4. 向右晃动食指，观察幼儿的目光是否继续跟随移动。

5. 妈妈一边晃手指，一边说："小鸟，小鸟，啾啾，啾啾。小鸟，小鸟，啾啾，啾啾……"

游戏延伸：

这个游戏可以重复进行。

可以在幼儿眼前晃动一些小玩具，比如小玩偶等，吸引幼儿的注意力。

游戏提示：

刚开始的时候，幼儿的目光也许只能跟随手指很短的一段时间，但是，只要每天坚持做这个游戏，就会看到幼儿在不断地进步。

> **听听专家怎样说：**
>
> 　　家长可以和幼儿做这样的游戏，随着幼儿的眼珠不停转动，其想象力、思维力也随之开始发展。

2．我们一起踢踢腿

游戏目的：

让幼儿认识左和右、前与后，训练幼儿的逻辑思维。

所需道具：

无。

跟我一起这样做：

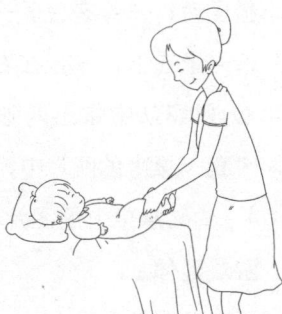

1．让幼儿仰面躺在床上。

2．妈妈握住幼儿的脚踝，使其膝盖弯曲。

3．妈妈伸直幼儿的腿，一条腿一条腿地做，重复做几次"踢腿动作"。

4．接着，两条腿一起做，一起"踢"。

游戏延伸：

妈妈一边唱歌，一边做这个练习，会让幼儿觉得更有趣，可以按照这个曲调来唱："做操，做操，我们在做操。做操让你身体棒。"

游戏提示：

做这个游戏的时候，不要太用力，要适度，以免伤害到幼儿。

> **听听专家怎样说：**
>
> 　　1岁大是训练幼儿平衡协调能力的关键时期，只有平衡感的逐渐增强才会使传递给幼儿大脑的信息越来越准确。这个游戏，可以让幼儿认识左和右、前与后。

3. 图片配对

游戏目的：

引导幼儿学会观察。

所需道具：

几组图片。

跟我一起这样做：

1. 妈妈将几组图片打乱，散放在桌子上。

2. 桌子上，散乱地摆放着几张图片：两张小猫图片，一张在上，一张在左；两张小狗图片，一张在下，一张在右。

3. 妈妈从中拿出两张相同的图片，让幼儿观察一下问："是一样的吗？×××能从桌上的图片中，找出相同的两张图片来，把它们放在一起吗？"

4. 幼儿从桌上的图片中，找出相同的两张图片，把它们放在一起。

游戏延伸：

可以多准备几组图片，让幼儿寻找。

游戏提示：

游戏时，可以直接让幼儿寻找，妈妈不做示范也可以。

听听专家怎样说：

为了培养幼儿的观察力，家长可以准备几组图片并打乱散放在桌子上。然后，让幼儿从桌上的图片中，找出相同的两张图片来，把它们放在一起。这种游戏，可以让幼儿学会观察。

4. 小手指一指

游戏目的：

吸引幼儿的注意，让他学会观察和模仿。

所需道具：

无。

跟我一起这样做：

1．妈妈和幼儿面对面坐好。

2．妈妈一边指着自己的鼻子，一边说：

"鼻子、鼻子、鼻子。"幼儿也指着自己的鼻子。

3．妈妈指着嘴巴，说："嘴巴、嘴巴、嘴巴。"幼儿也用手指着自己的小嘴巴。

游戏延伸：

可以让幼儿指指眼睛、耳朵等五官，也可以让幼儿指指胳膊、腿等。

游戏提示：

为了提高幼儿的兴趣，妈妈可以做些夸张的动作，比如撅嘴、提臀等。

听听专家怎样说：

为了激发幼儿的注意力，家长可以和幼儿面对面坐好，让幼儿跟着你做动作。比如，你一边指着自己的鼻子，一边说："鼻子、鼻子、鼻子。"幼儿也指着自己的鼻子。这种游戏可以吸引幼儿的注意，让他学会观察和模仿。

5．认认蔬菜和水果

游戏目的：

有效增加幼儿的视觉体验，培养其观察力和辨别力。

所需道具：

不同颜色、不同形状的水果或蔬菜。

跟我一起这样做：

1．妈妈将这些水果和蔬菜洗干净后，让幼儿去观察和指认。

2．妈妈拿起一根黄瓜，让幼儿注意看上几秒钟，同时告诉他："这是黄瓜，绿色的黄瓜。"然后让幼儿摸一摸。

3. 妈妈拿出一根茄子，告诉幼儿："这是茄子，紫色的茄子。"再让幼儿摸一摸。

游戏延伸：

说到每种蔬菜或者水果的时候，可以将它的颜色和味道告诉幼儿，还可以给幼儿讲讲这些蔬菜可以做成什么菜肴。

游戏提示：

每次让幼儿观察 2 ~ 3 种即可。

> **听听专家怎样说：**
>
> 家长可以准备不同颜色、不同形状的水果或蔬菜。洗干净后，让幼儿去观察和指认。这些看似简单的物品，却对幼儿充满了诱惑力。用这些做道具，让幼儿认一认，可以有效增加幼儿的视觉体验，培养其观察力和辨别力。

6. 它到哪里去了

游戏目的：

在游戏中，提高幼儿的认知思维，培养其对世界的观察力。

所需道具：

玩具。

跟我一起这样做：

1. 妈妈和幼儿一起坐在地板上，给幼儿一件他心爱的玩具。

2. 让幼儿玩一会儿玩具，然后问幼儿："是不是该轮到我玩儿了？"

3. 如果幼儿同意了，就拿过玩具，

并盖上一块布。

4．帮幼儿找到玩具，然后重复这个游戏。问："玩具在哪里？"让游戏充满神秘感。

游戏延伸：

可以用不同的玩具或物品玩几次这个游戏，直到幼儿明白玩具藏在哪里并且能够取回它。

游戏提示：

游戏中，用布将玩具盖住，应该放在幼儿很容易够到的位置。

听听专家怎样说：

寻找到不见的物品，有利于培养幼儿的认知思维能力，还能够培养幼儿对世界的观察力。这个游戏可以帮助幼儿认识到，每件东西即使不在视线范围内了，它也是存在的。

第二部分 2 岁幼儿观察力训练小游戏

7. 水果配对

游戏目的：

培养幼儿的观察力及认知匹配。

所需道具：

4 种以上水果若干，果盆 4 个。

跟我一起这样做：

1. 妈妈将若干苹果、梨、香蕉、橘子等摆放在桌子上。

2. 出示贴有苹果、梨、香蕉、橘子图案或字卡的果盆各一个。

3. 让幼儿进行水果配对，将水果放到相应的果盆里。

4. 幼儿根据实物水果的形状、颜色与果盆上的水果图案进行认知匹配。

游戏延伸：

可以多准备几种水果，多准备几个果盆，来做这个游戏。

游戏提示：

如果幼儿不能很好地完成游戏，可以少准备几种水果，降低难度。

> **听听专家怎样说：**
>
> 2 岁的幼儿已经具备一定的观察力了，可以通过一些匹配的游戏来锻炼他们的观察力。这个游戏的目的，就是通过幼儿对水果的匹配，来培养幼儿的观察力。

8. 看影子

游戏目的：

通过设计活动，能让幼儿的观察力得到很好的锻炼。

所需道具：

一个娃娃、一个手电筒。

跟我一起这样做：

1．妈妈和幼儿坐在桌子旁边，桌上
放一个娃娃。

2．妈妈用电筒从玩具的左边照射过，
问幼儿："影子在哪边？"幼儿回答说：
"在右边。"

3．妈妈将电筒的光线移动到玩具的
右边，问幼儿："影子在哪里？"幼儿回答说："在左边。"

4．妈妈将手电筒的光线移到玩具的顶部，让幼儿一边观察，一边讨论影
子的变化过程。

游戏延伸：

可以多准备几种物品，比如积木、图书等，让幼儿体会影子变化的奇妙。

游戏提示：

这个游戏最好在较暗的环境中进行。

听听专家怎样说：

随着身心的发展，幼儿总喜欢看、听、摸、动。但是，这个年龄
段的幼儿，对事物的理解有限，知识经验也都比较少，观察过程十分
依赖成人，因此，要引导幼儿运用感知、交流、观察等多种方式，让
他们积累感性的经验。

9．明亮的眼睛

游戏目的：

培养幼儿的观察力，训练其领悟能力和理解能力。

所需道具：

一些小物件，如 1 枚硬币、1 张邮票、1 个小球等。

跟我一起这样做：

1. 妈妈将这些小物件展示给幼儿看。

2. 让幼儿离开房间，妈妈把这些物品藏在不太容易发现的地方。例如，把硬币藏在烟灰缸里，把橡皮筋套在门把手上，把小球放在红色的床罩上等。

3. 妈妈让幼儿进房间来找，告诉他这些东西被分别被藏在房间的某个地方。

4. 幼儿发现某样东西后，跑到妈妈身边轻轻告诉妈妈。

游戏延伸：

可以互换角色，让幼儿将物品藏起来，由妈妈来寻找。

可以多准备一些物品，让幼儿来寻找。

游戏提示：

为了培养幼儿的兴趣与成就感，最好藏在幼儿比较容易找到且能够够得着的地方。

听听专家怎样说：

幼儿看过的、观察过的东西很容易记住，继而能够找到。这个游戏的目的，就是要让幼儿通过观察记住目标物，让他们学会认真观察。

---

10. 漂亮的花瓶哪里去了

游戏目的：

不停变换物体的位置，培养幼儿的观察力。

所需道具：

花瓶。

跟我一起这样做：

1. 妈妈将花瓶摆放在桌子上，让幼儿观看。

2. 妈妈让幼儿背对桌子，同时，迅速将花瓶挪到书架上。

3. 幼儿转过脸来，妈妈问："花瓶哪里去了？"

4. 幼儿仔细寻找，最终在书架上找到了花瓶。

游戏延伸：

可以找些其他物品来做这个游戏，比如玩具、水果等。

可以让物品发生不同的位置变化，比如从床上挪到地下、从卧室挪到厨房、从客厅挪到门口、从书柜挪到衣架等。

游戏提示：

在游戏的时候，要让幼儿多观察一会儿，给他留下深刻的记忆。

听听专家怎样说：

为了锻炼幼儿的观察力，可以让幼儿观察房间里的各种东西，然后在幼儿不注意时悄悄移动某样东西或交换某些东西的位置。事实表明，这种方法对培养幼儿良好的观察力是非常有利的。

11. 这是谁的东西

游戏目的：

锻炼幼儿的观察力，帮助幼儿形成事物间——对应的关系的意识。

所需道具：

图书、玩具、梳子、手提袋、眼镜、报纸等的图片。

跟我一起这样做：

1. 桌子上，妈妈出示图片，让幼儿辨别这些东西中，哪个是妈妈用的，哪个是爸爸用的。

2. 幼儿回答说："图书和玩具是我的，梳子和手提袋是妈妈的，眼镜和报纸是爸爸的……"

游戏延伸：

可以选用更多的东西，来让幼儿加以辨认。

游戏提示：

游戏中，如果幼儿一时辨认不出来，可以让他们先将能够辨认的辨认出来，剩余的等学会了再进行辨认。

听听专家怎样说：

为了培养幼儿的观察力，家长可以为幼儿准备一些图片，比如图书、玩具、梳子等。让幼儿说一说，这些东西是谁经常使用的。让幼儿将日常生活中的事物与相应的人联系起来，锻炼幼儿的观察力，帮助幼儿形成事物间一一对应关系的意识。

12. 套套筒

游戏目的：

锻炼观察力、注意力和思维能力。

所需道具：

大小不同的各种套筒。

跟我一起这样做：

1. 妈妈和幼儿一起坐在地板上，周围摆放着大小不同的几个套筒。

2.让幼儿按照从小到大的顺序，将一个个的套筒套起来。

游戏延伸：

可以多准备几个套筒，让幼儿套。

可以放些其他不同种类的东西，提高难度。

游戏提示：

游戏中，如果幼儿一时辨别不出来，可以将相关的方法教给他。

听听专家怎样说：

家长可以准备一个套盒，让幼儿按照盒子的大小套叠在一起。在这个过程中，幼儿需要观察和比较，哪个大哪个小，哪个形状是一样的可以套进去，哪个是不一样的套不上……这样，就可以有效锻炼幼儿的观察力、注意力和思维能力。

13.气球飘起来

游戏目的：

刺激幼儿的视觉，增加幼儿的愉悦感。

所需道具：

几个彩色气球。

跟我一起这样做：

1.妈妈先将一个气球吹起来，用绳子将口扎紧。

2.妈妈手心向上，将气球轻轻地往上托起来，让幼儿观察气球在空中悬浮和落下的样子。

3.幼儿模仿妈妈的样子玩气球。

游戏延伸：

可以找些颜色鲜艳的气球，让幼儿来玩。

游戏提示：

将气球轻轻地往上托起来，尽量不让气球落到地上。

　　2岁的幼儿通常都喜欢玩气球。家长可以多准备几个彩色气球，玩此游戏。这种游戏很容易吸引幼儿的注意，并且愿意模仿家长的样子去玩气球。这种游戏，不仅可以有效刺激幼儿的视觉，还可以增加幼儿的愉悦感。

14. 滚皮球

游戏目的：

吸引幼儿去观察，练习手眼协调能力。

所需道具：

小木棍、小皮球。

跟我一起这样做：

客厅里，妈妈拿着小棍去推皮球，让皮球滚动起来。

幼儿也学妈妈的样子拿着小棍去推皮球，让皮球滚动起来。

游戏延伸：

也可以用报纸做一个纸棍来代替木棍。

游戏提示：

如果幼儿不想玩了，不要强迫他继续玩。

　　活动的皮球，会吸引幼儿去观察，还能很好地练习手眼协调能力。

15. 森林聚会

游戏目的：

给幼儿观察和思考的时间，提高其观察力。

所需道具：

各种动物卡片。

跟我一起这样做：

1. 妈妈和幼儿一起坐在地板上，妈妈一边给幼儿讲故事，一边让幼儿对动物进行分类。

2. 一开始，幼儿会毫无章法地将这些动物分类，妈妈可以在一旁耐心地看，然后向幼儿发问："你是按照什么标准给动物们分类的呢？"

3. 幼儿可能答不上来，这时，妈妈给他一定的思考时间，然后说："你看，妈妈也给它们分分类，你看和你的有什么不一样。"

4. 妈妈可以按照飞禽、走兽、两栖等的标准给动物卡片分类，而后，让幼儿观察并说出它们之间的异同。

游戏延伸：

让幼儿观察并说出它们之间的异同。说不上来也没关系，妈妈可以用一连串的问题引导幼儿来观察和总结不同种类动物之间的差别；比如，"你看，它们都有几条腿呀？""它们有翅膀吗？"……

游戏提示：

幼儿可能答不上来，不要急，给他一定的思考时间。不要代替他来观察，也不要一股脑儿地告诉幼儿一切。

听听专家怎样说：

为了锻炼幼儿的观察力，可以找来各种动物卡片，模拟一个森林聚会的场景。妈妈可以一边给幼儿讲故事，一边让幼儿对动物进行分类，然后，妈妈可以将自己的分类方法告诉幼儿……这样，幼儿在观察和思考中，也就学会了观察。

16. 认一认颜色

游戏目的：

让幼儿学会观察和比较。

所需道具：

玩具。

跟我一起这样做：

1．妈妈和幼儿一起坐在地板上，妈妈在不同颜色的玩具中，取出一件红色的玩具，如红色小球，告诉幼儿："这个小球是红色的。"

2．妈妈拿出红色的汽车、红色的气球等，分别告诉幼儿："这是红色的。"

3．妈妈把红色的玩具混在不同颜色的玩具中，教幼儿从中拣出红色的玩具来。

4．幼儿在不同颜色的玩具中寻找红色玩具。

游戏延伸：

可以让幼儿寻找其他的颜色，比如绿色、蓝色等。

游戏提示：

如果幼儿找不全，可以给予适当的提醒。

> **听听专家怎样说：**
>
> 辨认颜色游戏可以让幼儿学会观察和比较，增强记忆力。家长可以在不同颜色的玩具中，取出一件红色的玩具，告诉幼儿："这个玩具是红色的。"然后，把红色的玩具混在不同颜色的玩具中，让幼儿从中拣出红色的玩具来。

17. 小雨，小雨，告诉我

游戏目的：

引导幼儿学会观察，知道雨水打在不同材质的物体上会发出不同的声音。

所需道具：

一个小盆子。

跟我一起这样做：

1. 妈妈让幼儿仔细听听下雨的声音。

2. 引导幼儿用准备好的小盆子去接雨。

3. 让幼儿听听雨水打在不同物品上的声音，让其学一学，模仿一下。

游戏延伸：

可以和幼儿提前折些小船，在雨停的时候放出去。

游戏提示：

如果雨水很大，而且还伴有大风，最好不要出去，要选择下小雨的时候让幼儿观察。

听听专家怎样说：

幼儿都喜欢下雨天，如果准备些器具，带着他一起去接雨水，他一定会欣喜十足。这个过程，可以让幼儿仔细观察雨点打在不同介质上的声音，从而提高幼儿的观察力。

18. 动物找家

游戏目的：

引导幼儿学会仔细观察，发现错误。

所需道具：

多张动物卡片，以及相应的生活环境（比如陆地、天空、水里、森林、草原）。

跟我一起这样做：

1. 桌上放着很多的卡片。

2. 妈妈故意把各种动物卡片放错位置，例如把小鸟放进水里，把小鱼放到树上，小猪放在天上……

把小鸟放进水里，把小鱼放到树上，小猪放在天上……

小鸟应该在树上，小鱼应该在水里。

3. 要求幼儿仔细观察图片，找出哪些动物所在的环境有错误并纠正。

4. 幼儿回答说："小鸟应该在树上，小鱼应该在水里。"

游戏延伸：

随着游戏的继续，可以将所有的卡片都互相搭配错误，让幼儿从中寻找出错误之处，提高寻找的难度。

游戏提示：

开始的时候，可以少放些图片，然后再增加图片逐渐增加难度。

听听专家怎样说：

2 岁的幼儿已经能够对不同的事物进行辨别了。家长可以通过多种多样的游戏，通过幼儿的观察，找出这种不同。这个游戏的目的，就是要引导幼儿学会观察，能够找出其中的错误，并加以纠正，从而发展幼儿的观察力。

19. 玩具表达

游戏目的：

提高幼儿的表达力和观察力。

所需道具：

无。

跟我一起这样做：

1. 让幼儿坐在一把高脚椅上。

2. 从幼儿喜欢的玩具中挑选三种

名字是一个字的玩具，例如球、车和铃。

3．妈妈拿起球说，"球"；拿起车说，"车"；拿起铃说"铃"。

4．让幼儿拿起球，再拿起车，之后拿起铃。

游戏延伸：

之后，可以增大难度，说一些两个字的词，比如玩偶、布袋、熊猫等。

游戏提示：

妈妈拿起玩具的时候，要注意幼儿的眼神，看他有没有将目光集中在你这里。如果他目光斜视，就说明不感兴趣。这时候，家长就要想办法吸引幼儿的注意力。

听听专家怎样说：

幼儿的语言能力是幼儿思维能力提高的结果，同时也是幼儿自信力的有力表达。通过这样的游戏，不仅可以提高幼儿的语言理解力和表达力，还可以提高幼儿的观察力。

第三部分 3 岁幼儿观察力训练小游戏

20. 神秘的下雨天

游戏目的：

让幼儿感受雨，并了解为什么会下雨。

所需道具：

一处合适的观雨地点。

跟我一起这样做：

1. 下雨天，妈妈和幼儿在窗前看雨。

2. 妈妈指着天上的雨，告诉幼儿："下雨了！外面在下雨！"

3. 妈妈问："下雨了，大家在干什么呢？"幼儿回答说："大家穿着雨鞋，打着雨伞呢！"

> 下雨了，大家在干什么呢？

> 大家穿着雨鞋，打着雨伞呢！

4. 妈妈问："雨是什么样子的？"幼儿回答说："细蒙蒙的，看不清。"

游戏延伸：

引导幼儿感受下雨天人们的变化，比如下雨了，小蚂蚁在做什么，人们在做什么。

游戏提示：

如果幼儿不会观察，可以问一些简单的、显而易见的问题引导幼儿。

听听专家怎样说：

妈妈可以通过提问引导幼儿观察。要充分利用下雨的机会，给幼儿以指导，训练他们的观察力。

21. 可爱的小雨

游戏目的：

说说雨水的用途，引导幼儿学会观察。

所需道具：

春天农作物生长的图片或图画书。

跟我一起这样做：

1. 妈妈和幼儿一起看图片。

2. 妈妈引导幼儿："春天到了，又下雨了，雨水可以使小草发芽，使树木长高，我们都很需要它呢！"

> 春天到了，又下雨了，雨水可以使小草发芽，使树木长高，我们都很需要它呢！

游戏延伸：

妈妈可以一边看图片，一边教幼儿读儿歌《春雨》："春雨滴答，滴答，下小雨啦！种子说：'下吧！下吧！我要发芽！'梨树说：'下吧！下吧！我要开花！'麦苗儿说：'下吧！下吧！我要长大！'小朋友说：'下吧！下吧！我要种瓜！'滴答滴答！下小雨啦！"

游戏提示：

为了让幼儿更深刻地了解雨水的用途，下过雨后可以带着幼儿走出去，到田野里，到花园里……

听听专家怎样说：

每种事物都有自己的用途，可以引导幼儿通过观察了解不同事物的作用。这个过程，不仅可以增加幼儿的知识量，还可以引导幼儿养成良好的观察习惯。

22. 盖瓶盖

游戏目的：

学习观察瓶盖与瓶口的大小比例。

所需道具：

各种大小不同、形状各异的瓶子与瓶盖若干。

跟我一起这样做：

1．将不同的瓶子与瓶盖分别放在两个箩筐内，让幼儿尝试为各种瓶子配瓶盖。

2．幼儿在为各种瓶子配瓶盖。

游戏延伸：

可以在瓶子、瓶盖特征差异上不断给幼儿新的挑战，练习细致的观察，能目测出不是很明显的特征差异。

游戏提示：

开始的时候可以选择特征差异较大的瓶子和瓶盖。

如果幼儿玩这个游戏实在有困难，可以先在每一个瓶子的瓶身和瓶盖上分别贴上相同的图案，帮助幼儿完成瓶子和瓶盖的配对。

逐渐增加瓶、瓶盖的数量，和幼儿一起看看全部配完需用多少时间，慢慢加快速度。

听听专家怎样说：

　　每个瓶子的瓶盖和瓶口的比例是大小不同的，可以让幼儿尝试着为各种瓶子配备瓶盖，和幼儿一起看看全部配完需用多少时间。可以在瓶、瓶盖特征差异上不断给幼儿新的挑战，练习细致的观察。

23.听声音寻宝藏

游戏目的：

训练幼儿仔细听辨声音的能力，提高观察力。

所需道具：

若干空罐、积木、黄豆、绿豆、大米、糖、纸团、棉花等。

跟我一起这样做：

1. 家长事先将不同材料放进 3 ~ 5 个空罐中，玩寻宝藏的游戏。

2. 让幼儿在空罐内分别放入积木、黄豆、绿豆、大米、糖、纸团、棉花等材料。

3. 盖上盖子，妈妈反复摇晃，让幼儿体会一下不同材料混合发出的不同声响。

4. 幼儿通过摇罐听声音，找出所要寻找的宝藏，比如"大米""糖"。

游戏延伸：

随着游戏的继续，可以多找些罐子和填充物，增加难度。

游戏提示：

每个游戏最好持续的时间长一些，从而提高幼儿的注意力。

听听专家怎样说：

幼儿的观察力不是训练出来的，而是在游戏的过程中逐渐培养出来的。在幼儿听辨声音的过程中，就可以提高幼儿的听力观察力。

24. 神秘的水

游戏目的：

观察大自然的千变万化，提高幼儿的观察兴趣和能力。

所需道具：

冷水。

跟我一起这样做：

1. 妈妈让幼儿从水龙头上接一碗水，让幼儿观察，并告诉幼儿："水是液体。"

2. 妈妈将冰箱打开，让幼儿将这碗水

水经过冷冻之后，就变成了冰。

好凉啊！

放进下面的冷冻室里。

3. 4个小时后，让幼儿从冰箱里取出来。妈妈告诉幼儿："水经过冷冻之后，就变成了冰。"引导幼儿观察。

4. 同样的方法，将一碗水倒入水壶中烧开，告诉幼儿："水沸腾后，就变成了气。"

游戏延伸：

可以取出一支冰棒，分别放入冷水和热水中，观察冰棒解冻的速度。

游戏提示：

将水冻成冰块的时候，不要让幼儿用舌头舔，以免伤到幼儿。开水沸腾之后，也不能让幼儿伸手去摸，一定要注意安全。

听听专家怎样说：

大自然千变万化，如果父母加以引导，能够很大程度地增强幼儿的观察兴趣和能力。幼儿的好奇心都比较重，他们喜欢观察事物，喜欢问"为什么"。水的世界是神秘而变换的，家长完全可以从水入手，培养幼儿的兴趣，提高他们的观察力。

25. 小花长长长

游戏目的：

通过对花草树木不同生长期的观察，养成良好的观察习惯。

所需道具：

牵牛花的花籽。

跟我一起这样做：

1. 春天，妈妈和幼儿一起将牵牛花的花籽种到花盆里。

2. 牵牛花发芽之后，引导幼儿观察，小芽是什么样子？什么颜色？

3．牵牛花长出了藤蔓，让幼儿观察这些藤蔓像什么。

4．牵牛花开花之后，让幼儿观察牵牛花的样子——像个小喇叭。

游戏延伸：

可以教幼儿一首关于牵牛花的儿歌："竹篱下有棵花，什么花？牵牛花。牵牛花真笑话，不牵牛来牵喇叭。"提高幼儿的兴趣。

游戏提示：

牵牛花从栽种，成长开花，需要一段时间，在这段时间里，一定要让幼儿耐心等待。

观察的时候，不要用手来碰触牵牛花，更不能任意把玩，否则会伤了花。

听听专家怎样说：

植物的颜色和形状是不一样的，而且还会随着不同的季节而发生变化。为了提高幼儿的观察力，可以和幼儿多培育几种花，让他们观察。

26．茶杯可以做什么

游戏目的：

利用幼儿常用的物品激发其观察兴趣，提高其观察能力。

所需道具：

生活用品，比如茶杯。

跟我一起这样做：

1．妈妈和幼儿分别端起茶杯，喝水。

2．幼儿将茶杯里装些水，妈妈将一株水培植物放进去。

3．水龙头坏了，不停地滴水。妈妈将一个茶杯放到了水龙头下面，接水。

4．红薯太烫了，妈妈将红薯放到茶杯里，让幼儿端给奶奶。

游戏延伸：

可以带着幼儿观察脸盆、凳子、桌子等的不同作用，引导幼儿养成良好的观察力。

游戏提示：

不管是观察什么，都要做好安全措施，比如茶杯不能摔破、不能撞到凳子上等，以免伤到幼儿。

> 🎵 **听听专家怎样说：**
>
> 很多日常生活用品都有基本的用途和其他用途，家长可以利用幼儿常用的物品激发其观察兴趣，提高其观察能力。比如茶杯是盛水的，但也可以盛豆、插花等，从而提高幼儿的观察水平。

27. 这张图片真好看

游戏目的：

引导幼儿观察不同的图片，提高其观察力水平。

所需道具：

图片。

跟我一起这样做：

1. 妈妈和幼儿一起坐在电脑前，给幼儿展示精美的图片。

2. 妈妈打开一张风景图——首都北京，告诉幼儿："这是我们的首都。"

3. 妈妈问："上面都有什么？"

4. 幼儿回答说："天安门、五星红旗……"

游戏延伸：

可以给幼儿找些风景图片、卡通图片，提高幼儿的兴趣。

游戏提示：

观察图片的时候，可以给幼儿介绍一些图片上的景物特征；观察家庭照片的时候，可以说说照片的故事，或者照片中人物的事情。

> **听听专家怎样说：**
>
> 有些实物的观察受生活条件的局限，不能够观察仔细，观察图片可以作为一种重要的补充手段。因此，图片可以作为一种有目的、有计划、系统地培养幼儿的观察力的工具。图是静物，不受时间、地点、条件的限制，可以提供观察细节，巩固幼儿的观察力。

28. 猜鼻子

游戏目的：

认识家庭成员的鼻子，提高幼儿的观察力。

所需道具：

一张长 1 米、宽 1 米的报纸，一件宽大的衣服，一副肥大的手套。

跟我一起这样做：

1. 提前在报纸上选择合适的位置剪一个洞。将幼儿的眼睛蒙上。

2. 妈妈穿上衣服戴上手套坐到凳子上。爷爷、奶奶留在另一个房间里。

3. 妈妈用双手抓住报纸上面的两个角，将鼻子放到报纸上的洞洞处。

4. 爸爸将幼儿带到妈妈的正前方，让他猜是谁的鼻子。

5. 幼儿用手摸了摸鼻子说："妈妈的。"

游戏延伸：

家庭成员，爸爸、妈妈、幼儿、爷爷、奶奶等，可以互换角色，要尽量都参与进来。

游戏提示：

准备的报纸最好大一些，或者使用一块大点的布也行。

听听专家怎样说：

　要想猜得对，必须要细心地观察。这个游戏，有利于培养幼儿的观察力。

29．什么水果不见了

游戏目的：

通过辨别不同的水果，提高幼儿的观察力。

所需道具：

苹果、香蕉、梨、橘子、猕猴桃、樱桃等。

跟我一起这样做：

1．妈妈和幼儿一起坐在桌子边，桌子上摆放着各种各样的水果。

2．妈妈让幼儿观察一分钟，记住这些水果的名字。

3．幼儿将眼睛闭上，妈妈快速地将一种水果藏起来，问："哪种水果不见了？"

4．幼儿睁开眼睛，仔细查看之后，说："樱桃。"

5．妈妈将手从背后拿出来，果然是樱桃！

游戏延伸：

可以和幼儿互换角色，由幼儿将水果藏起来，让妈妈来猜。

游戏提示：

游戏中，猜测者一定要将眼睛闭好，不能偷看。

听听专家怎样说：

这个游戏可以帮助幼儿认识到，每件东西即使不在视线范围内了，它也是存在的，从而培养幼儿的认知思维，培养幼儿对世界的好奇感。

30.哑巴游戏

游戏目的：

培养幼儿的观察力和想象力。

所需道具：

卡片、笔。

跟我一起这样做：

1. 提前用笔在卡片画上扮演的角色：猴子、猪、老鹰、小狗等。爸爸、妈妈、爷爷、奶奶、幼儿等围坐一圈。

2. 每人抽取一张卡片。

3. 幼儿根据卡片上的图片，做出动作，别人来猜测。

4. 妈妈猜是猴子，爸爸猜是小猪。

5. 幼儿展示出自己的卡片——小狗。

游戏延伸：

猜出来之后，可以让表演者表明自己所演示的动物是什么样子的，什么颜色的，喜欢吃什么等。

游戏提示：

这个游戏可以互换角色进行，家长做动作的时候，可以夸张一些。

听听专家怎样说：

这个游戏需要幼儿对所要展示的动物有一个大概的了解，了解的过程就是观察的过程，因此，这样的游戏对于培养幼儿良好的观察力是非常有好处的。

31. 寻找另一半

游戏目的：

使幼儿在游戏中提高观察力，培养幼儿短时间里观察的习惯。

所需道具：

卡片、笔。

跟我一起这样做：

1. 妈妈提前在卡片上画上动物身体的一半，比如一张卡片上画小狗的身子，一张卡片上画上小狗的头。

2. 爸爸、妈妈、爷爷、奶奶、姥姥、姥爷等分别将一张卡片拿到自己手里，将正面展示出来，在客厅里转圈。

3. 幼儿拿着自己的小猪头卡片，不停地看着其他人的卡片。

4. 幼儿经过自己的努力，终于找到了小猪的身子。原来小猪的另一半在爷爷的手里，幼儿开心地笑了。

游戏延伸：

可以将一个小动物，分成三部分，最后经过寻找将它整合在一起。

可以找些水果的图片，分成若干部分，然后寻找。

游戏提示：

游戏中，卡片的色彩要鲜艳一些，参与者要不停地转动位置，不仅可以让自己尽快找到自己的另一半，还可以不让别人发现自己的图画。

听听专家怎样说：

为了寻找自己的另一半，需要参与者一边极力寻找，一边又要想办法不让别人发现，这就需要参与者积极调动自己的眼力，不停观察，因此，多做此类游戏，有利于幼儿观察力的形成。

32. 聪明的蚂蚁

游戏目的：

提高幼儿的观察力。

所需道具：

蚂蚁、水。

跟我一起这样做：

1. 雨前，妈妈和幼儿一起找一处有蚂蚁的地方。

2. 让幼儿看看，蚂蚁是如何行走的。

3. 将一滴水滴到一只蚂蚁的身上，看它怎样逃跑的。

游戏延伸：

可以和幼儿看看，蚂蚁是如何交流信息的，它们是如何防雨的。

游戏提示：

最好选择在雨前，可以多找几只蚂蚁观察。

听听专家怎样说：

夏天，各式各样的昆虫都倾巢而出，可以带着幼儿观察昆虫，小蚂蚁就是一个不错的选择。既好找，又没有危险性。你可以让幼儿试着给一只小蚂蚁滴上几滴水，然后一同观察蚂蚁防水逃跑的过程，相信，幼儿一定兴趣十足。

---

33. 看图画书

游戏目的：

通过引导，扩展幼儿的观察范围，让其学会更细致地去观察。

所需道具：

图画书。

跟我一起这样做：

1. 妈妈和幼儿一起坐在地板上看图画书。

2. 当幼儿翻到一页感兴趣的画面时，妈妈说："嗯，这是一辆汽车。"

3. 当幼儿看到了喜欢的小狗时，妈妈说："咦，这里还有一棵树呢！"

游戏延伸：

可以用语言引导幼儿观察他可能还没有注意到的东西，比如"这儿还有一朵花呢"。

游戏提示：

引导的时候，要让幼儿看到实际图像，不要凭空想象。

听听专家怎样说：

　　这时期的幼儿可以自己看书了。当幼儿翻到一页感兴趣的画面时，一般会停顿一下。这时，你可以用语言引导幼儿观察他可能还没有注意到的东西。通过你的引导，来扩展幼儿的观察范围，让他学会细致观察。

34. 记忆图像

游戏目的：

培养幼儿集中精力观察的习惯。

所需道具：

白纸、笔。

跟我一起这样做：

1. 妈妈先画好四幅图，分别把它们排在"田"字格里。

2．把四幅图分别都标上序号1、2、3、4。

3．让幼儿看图，然后记住每幅图的序号及放的位置。

4．把打乱后的图让幼儿重新排回刚才看到的位置。

游戏延伸：

为了增加难度，可以增加格子和图片的数量，采用同样的方法来做游戏。

游戏提示：

图片的多少，以及游戏时间长短都可以自由调整，要以幼儿的能力而定。

听听专家怎样说：

记忆图像，可以培养幼儿集中精力观察的习惯。家长可以先画好四幅图，分别把它们排在"田"字格里。然后，把四幅图分别都标上序号1、2、3、4，让幼儿看图……事实证明，这种方法对于培养幼儿良好的观察力是非常有力的。

35．去超市买东西

游戏目的：

培养幼儿细心观察的习惯。

所需道具：

无。

跟我一起这样做：

1．假日的时候，妈妈带幼儿一起去超市购物。

2．妈妈告诉幼儿："今天要买的东西有很多：酱油、毛巾……"

3．幼儿看着超市的购物指示牌，带领着妈妈到要买的东西的区域。

4．妈妈将货架上的价格、条码、名称都告诉幼儿。

游戏延伸：

可以让幼儿将自己的需求说出来，自己购买自己要的东西。

游戏提示：

购物前和幼儿先讨论一下想买哪些，到了超市，就让幼儿自己去找。要让他们根据商品包装上的图案和名称去寻找。

听听专家怎样说：

去超市买东西，可以培养幼儿细心观察的习惯。在假日的时候，可以带幼儿跟着父母一起去超市。当幼儿找到自己选择的东西时，那种快乐的体验就会让幼儿明白：寻找自己想要的商品是有趣而又实用的，从而激起观察的兴趣。

36．小老师

游戏目的：

培养幼儿的观察力、记忆力和注意力。

所需道具：

无。

跟我一起这样做：

1．妈妈做一些简单的动作，比如扮鬼脸、做体操、讲故事、跳一支舞等。

2．先要求幼儿认真看，看完了让他提出没有看清楚的地方。

3．让幼儿试着模仿。

4．幼儿正在模仿妈妈扮鬼脸。

游戏延伸：

等幼儿能够很熟练地模仿之后，渐渐地让他学着妈妈或爸爸做一些事情，例如扫地、擦桌子等。

游戏提示：

如果幼儿也愿意做些动作让妈妈或爸爸猜，或者模仿，那么家长也要去做，才会让幼儿有成就感。

> 🔊 **听听专家怎样说：**
>
> 模仿是学习和创造的启蒙老师。家长可以做一些简单的动作，比如扮鬼脸、做体操、讲故事、跳一支舞等，让幼儿试着模仿。这种游戏，对于培养幼儿的观察力、记忆力和注意力是非常有利的。

37．我在吃什么

游戏目的：

让幼儿通过倾听，猜猜是在吃什么，培养幼儿的观察力。

所需道具：

胡萝卜、花生米、瓜子、核桃、眼罩。

跟我一起这样做：

1．妈妈和幼儿一起坐在桌子边上，幼儿戴上眼罩，桌上摆放着各种各样的食物：胡萝卜、花生米、瓜子、核桃。

2．妈妈将胡萝卜放进嘴里，不停地咀嚼，问幼儿："我在吃什么？"幼儿回答说："胡萝卜。"

3．妈妈将花生米放到嘴里咀嚼，问幼儿："我在吃什么？"幼儿回答说："花生米呗，我都闻到味了。"

4．妈妈说："正确。"说着，便将一颗花生米放进幼儿的嘴里。

游戏延伸：

可以和幼儿互换角色，让幼儿来提问，家长来猜。

游戏提示：

在幼儿回答的时候，如果一时想不起来，可以引导他闻闻、听听、摸摸……充分调动起幼儿的各种感官。

听听专家怎样说：

人在咀嚼食物的时候，会发出不同的声音。如果幼儿能够认真观察，定然能够听出是吃什么而发出的声音。因此，可以做一些这样的游戏来训练幼儿的观察力。

38. 根据不同的容器找东西

游戏目的：

锻炼幼儿的观察能力。

所需道具：

一个纸盒子、一个奶粉罐子、一辆小汽车、一个乒乓球。

跟我一起这样做：

1. 妈妈和幼儿一起坐在桌子边上，桌子上摆放着一个纸盒子、一个奶粉罐子、一辆小汽车、一个乒乓球等。

2. 妈妈当着幼儿的面，把小汽车和乒乓球分别放在纸盒子和奶粉罐子里，让幼儿去找出小汽车。

3. 幼儿顺利地在纸盒子里找到了小汽车。

游戏延伸：

如果做得好，父母可以再增加一个物品和相应的容器。

游戏提示：

如幼儿一时找不到，可以提醒他，从而减少幼儿的挫折感。

听听专家怎样说：

在不同的容器里找东西，可以考察幼儿的瞬时记忆能力和观察能力，在观察和记忆的基础上建立事物的对应关系。家长可以把幼儿喜欢的两件东西放进不同的容器中，让幼儿来寻找，从而让幼儿的观察力得到锻炼。

39. 观察细节找物

游戏目的：

考察幼儿的观察能力，进一步提高幼儿的观察力。

所需道具：

两块一模一样的毛巾，一个小水杯、一个积木。

跟我一起这样做：

1. 妈妈和幼儿一起坐在桌子边上，桌子上摆放着两块大小一样的毛巾，一个小水杯、一个积木。

2. 妈妈背对着幼儿，把两件玩具分别放到两块毛巾下面。

3. 妈妈问幼儿："积木在哪里？"

4. 幼儿通过观察，很快便在一块毛巾下找到了积木。

游戏延伸：

如果幼儿做得好，还可以再增加一个玩具和一块毛巾。

游戏提示：

如幼儿一时找不到，可以提醒他，从而减少幼儿的挫折感。

　　这个游戏，幼儿主要是通过毛巾是否有突起及突起的形状来判断。这样的外观判断是比较难的，不但需要幼儿有大小的识别能力，还需要幼儿有空间联想能力才能知道把大的突起对应大的物品。这样的游戏，对于促进幼儿的观察力是非常有利的。

40. 找缺损

游戏目的：

感知事物的整体性，培养幼儿的观察力。

所需道具：

一些有缺损的玩具。

跟我一起这样做：

1. 妈妈和幼儿一起坐在桌子边上，桌子上摆放着一些有缺损的玩具：小白兔（没有耳朵）、娃娃（没有胳膊）、小汽车（少了轮子）、小飞机（少了机翼）。

2. 妈妈问幼儿："这些是什么？"幼儿回答说："小白兔、娃娃、小汽车……"

3. 妈妈问幼儿："它们对不对？哪儿不对？少了什么？"幼儿一一指出来说："小白兔缺少了耳朵，娃娃缺少了胳膊，小汽车缺少了轮子……"

游戏延伸：

可以多提供一些物品和玩具，让幼儿来回答，比如断了腿的小青蛙、失去一只眼睛的大公鸡、断了翅膀的鸽子等。

游戏提示：

如果幼儿不能很好地完成游戏，可以把游戏难度降低，设计一些对称型缺损。比如小白兔只是少了一只耳朵，小汽车只少了一个轮子。这样幼儿易于观察出错误。

听听专家怎样说：

　　3 岁的幼儿已经能够感知事物的整体性了，可以给幼儿准备一些有缺损的物品，让幼儿观察，从而提高他们的观察力水平。

41. 谁的脚大，谁的脚小

游戏目的：

让幼儿玩比较的游戏，培养幼儿的观察力。

所需道具：

无。

跟我一起这样做：

1. 妈妈和幼儿坐在床上。

2. 妈妈引导幼儿将自己的两只脚伸出来，和妈妈的脚做比较，看看谁的大。

3. 妈妈引导幼儿将自己的胳膊伸出来，比比谁的粗，谁的细。

游戏延伸：

可以引导幼儿比比谁的脑袋大，谁的眼睛大，谁的耳朵大，谁的腿长等。

游戏提示：

为了引起幼儿的兴趣，可以一边比较，一边和幼儿做各种夸张的动作。

听听专家怎样说：

　　3 岁的幼儿一般都喜欢和家长比较着玩，这类比较游戏，可以充分锻炼幼儿的观察力。

42. 洗石头

游戏目的：

一边洗石头，一边引导幼儿学会观察。

所需道具：

一堆小石头、一盆水。

跟我一起这样做：

1. 妈妈和幼儿坐在客厅里，面前摆放着一盆水和一堆形状、大小、质地不同的小石头。

2. 妈妈将几块石头放进水里，引导幼儿观察，问幼儿："你看，石头浸湿时颜色是不是出现了变化？"幼儿仔细看了看说："是的。"

3. 妈妈问幼儿："你看，变成什么颜色了？"幼儿回答说："颜色变深了。"

4. 妈妈将一块规整的椭圆形石头放进水里，说："看，这块椭圆形的石头多好玩。"

游戏延伸：

可以找些特殊形状的石头，放进水里，让幼儿观察。

游戏提示：

为了引起幼儿的兴趣，可以先让幼儿玩一会儿小石头，再让他观察。

听听专家怎样说：

3岁的幼儿一般都比较喜欢小石头，如果家长能够在游戏中渗入石头的相关知识则很容易引起幼儿的兴趣，而且随着幼儿不停地观察、比较，他们的观察能力也会迅速提高。

---

43. 小车下山坡

游戏目的：

引导幼儿学会观察。

所需道具：

一块硬纸板、一辆小汽车。

跟我一起这样做：

1．妈妈和幼儿坐在客厅里，面前摆放着一块硬纸板和一辆小汽车。

2．妈妈用一块硬纸板做成一个斜坡，让幼儿看小玩具车如何从斜坡上滑下。

3．妈妈不停地改变坡度，引导幼儿回答："什么时候，汽车跑得快？什么时候，汽车跑得慢？"

4．幼儿回答："坡度陡的时候，汽车跑得快；坡度缓的时候，汽车跑得慢。"

游戏延伸：

可以在小汽车后面用绳子拴一块小积木，看看这块积木会如何随着小汽车而运动。

游戏提示：

由于幼儿的年龄比较小，不用介绍什么关于地球引力的专业术语，只要让其通过观察，发现了这条规律就可以了。

听听专家怎样说：

幼儿一般都喜欢小汽车，这时候，家长就可以找些和汽车有关的游戏来和幼儿一起玩玩。这样的游戏，不仅会让幼儿获得一种欢乐的情感体验，还会引导幼儿学会观察。

44．水龙跳舞

游戏目的：

一边玩水，一边引导幼儿学会观察。

所需道具：

一个水龙头、一根塑料水管。

跟我一起这样做：

1. 院子里，妈妈和幼儿站在水龙头旁边。

2. 妈妈将塑料水管插到水龙头上，打开水龙头，水从水龙头里流出来。

3. 妈妈将水开到最大，用力挤压塑料管的末端，水流成扁状冲出来，流到幼儿的腿上。幼儿急忙跳开。

4. 妈妈将塑料水管高高提起，对着太阳的方向，冲出来的水柱变得五颜六色，妈妈说："快来看啊。"幼儿一边看，一边说："真好看！"

游戏延伸：

可以和幼儿一起玩泼水的游戏，幼儿会很开心的。

游戏提示：

这个游戏最好在盛夏的午后玩，这样水温不冷，否则幼儿容易感冒。

给幼儿玩水要选择适当的场地，要注意安全。

听听专家怎样说：

玩水可以激发幼儿的创造力，更何况水家家都有的，取之方便，比任何一种玩具都便宜，而且对发展幼儿的观察力有帮助，家长可以试着同幼儿一起用各种方式玩水。

---

45. 谁会浮起来

游戏目的：

引导幼儿学会观察。

所需道具：

一个塑料碗、一个金属汤匙、一片铝箔和一块木头。

跟我一起这样做：

1. 妈妈和幼儿坐在客厅里，妈妈在塑料碗里倒满水。

2. 妈妈将一个金属汤匙放进去。

3. 妈妈引导幼儿将一片铝箔和一块木头放进去，问幼儿："看看哪个会沉下去，哪个会浮起来？"

4. 幼儿惊奇地发现："木头浮起来了……"

游戏延伸：

可以往水里放些容易浮起来的东西，比如树叶等，让幼儿比较，看哪个浮得快，哪个浮得慢。

游戏提示：

为了引起幼儿的兴趣，可以一边观察，一边比较。

放到水里的物品，最好是没有棱角的，以免伤到幼儿。

听听专家怎样说：

可以经常和幼儿玩这样的游戏，引导幼儿学会观察。

第七章
开发幼儿智力潜能的关键
——蒙台梭利记忆力训练

　　幼儿的记忆力是随着年龄的增长而增强的，如果父母能够寻找一些积极有效的方法，就可以有效提高他们的记忆力。0～3岁幼儿的习惯化，是他们最初的记忆；之后，他们就会出现条件反射，对某些条件刺激物作出条件性反应。随着幼儿的渐渐长大，他们记忆的内容也会慢慢地复杂起来，表现出不同的特点。

0～3岁幼儿记忆力发展特点

0～3岁的幼儿记忆力有什么特点呢？这个小脑袋里面都能记住些什么东西呢？

蒙氏观点认为，新生儿出生后不久就会出现对刺激物的习惯化，这是一种原始的记忆因素。也就是说，新生儿一出生就已经有了记忆，只不过由于记忆表现方法比较特殊，容易被人们忽略掉罢了。

研究表明：8个月左右的婴儿就能轻易地从一大堆的旧玩具中，将自己从来没有见过的新玩具挑出来。这就有力地证明，孩子在婴幼儿时期就已经能够"记住"自己拥有的东西了，这就是他们最初的"记忆"。

0～3岁幼儿的习惯化，是他们最初的记忆；之后，他们就会出现条件反射，对某些条件刺激物作出条件性反应。随着幼儿的渐渐长大，他们记忆的内容也会慢慢复杂起来，表现出不同的特点。通常来说，幼儿记忆力有以下特点：

1. 以无意识记忆为主

0～3岁幼儿的记忆大多数都属于无意识记忆，这时候，他们的无意识记忆占优势，有意识记忆还没有发展成熟。他们对事物的认识，往往是在无意中进行的；有些幼儿甚至是家长让他记什么，他就记什么，自己没有主动的意识，没有真正接受记忆的任务，他们的回忆，都是依靠无意识保存下来的。

2. 偏重于形象记忆

在幼儿说话之前，所记忆的内容都只有事物的形象，即只有形象记忆。蒙台梭利认为，凡是直观、形象、有趣味、能够引起幼儿强烈情绪体验的事物都能够使幼儿自然而然地记住。所以，为了促进幼儿的记忆，就要为幼儿提供一些色彩鲜明、形象具体的材料，以此来吸引幼儿的兴趣和注意力。

3．以机械记忆为主

幼儿对事物的理解能力比较差，当他们对记忆的东西不了解时，只会死记硬背，进行机械记忆。0～3岁的幼儿能够唱很多歌曲和儿歌，但是对歌词和儿歌的意思并不理解，就是因为这个原因。

4．记得快，忘得快

这个年龄阶段，幼儿的记忆主要是机械记忆，并不是在理解的基础上进行记忆的，而是根据事物的特征加以记忆，所以他们往往记得快，忘得也快。

第1节　直击培养幼儿记忆力的意义

通常来说，一个幼儿是否聪明，很大程度上取决于其记忆力的好坏。蒙台梭利认为，记忆力对幼儿的成长发展是非常重要的，不仅可以有效促进幼儿的成长发育，还能够开阔幼儿的视野。现在，我们就从记忆内容的角度，来分析一下幼儿记忆力的巨大作用。

1．运动记忆——一旦形成不会忘记

所谓运动记忆，就是指自己的动作、身体运动和其系统的记忆。0～3岁时期，幼儿会学会很多动作，也就是老人们所说的"三翻六坐九爬，周岁会走喊妈妈"。由此可以发现，幼儿最先出现的应该是运动记忆。

研究发现，运动记忆不仅出现得最早，而且还会保持相当长的时间。如果幼儿在这一时期学会游泳，即使以后多年不游泳了，可是一旦需要，他们还会很快重新"捡"起来。幼儿在这一时期养成的行为习惯，往往会形成一种自动化的"动作链"，一旦形成是不会忘的，比如，如果幼儿在这一时期养成了早晚刷牙的习惯，长大以后是不可能改变的。

2．情绪记忆——一种体验过的情绪情感记忆

所谓情绪记忆，是一种体验过的情绪情感记忆，当某个环境或事件引起人强烈的情感体验时，这份情感会被深深地埋藏在记忆之中。

情绪记忆也是幼儿较早出现的一种记忆，幼儿喜欢什么、厌恶什么，依恋谁、喜欢谁，往往都和他们早先的情感生活紧密相关，是情绪记忆的结果。比如幼儿在这段时间如果是和爸爸妈妈生活在一起，有了对爸爸妈妈的印象，那么他们对爸爸妈妈就显得特别亲；如果家里来了不认识的人，想要抱抱他，他

一般都不愿意。

3. 印象记忆——最重要最特殊的记忆

印象记忆是幼儿最重要也是最特殊的一种记忆方法，很值得探讨。0～3岁的幼儿经常会把记忆对象不加分析地印在脑子里，形成清晰的表象，形成一种"模式"。

凭借着这种"印象记忆"的本领，在3岁以前，他们会把母语学会并学得惟妙惟肖；在2岁半时，他们可以记住许多物体，比如日月星辰、砖瓦砂石、家里的多种摆设等，都会一一记住。如果能够给他们提供一些生动具体的物象，再加上词语的配合，那幼儿们就会学得更快，记得更牢。

3岁以前，幼儿都会出现一种重要的现象——形成印象。如果我们将头脑构造比喻成鸡蛋，那么旧皮质就相当于蛋黄部分，这部分在出生后的6个月便已经生成。人类的潜意识就储藏在这一部分里面，它是记忆的储藏库。

0～3岁的幼儿并不会像大人那样，把事物理解之后才记下来，他们会将这些事物原封不动地放入头脑的"资料库"中，这种潜意识会对幼儿的一生发挥重要的作用。

在人生的最初三年，或更长一点时间，进入大脑的信息都被储藏在旧皮质里面；之后，当新皮质逐渐生成，进入大脑的信息就会储藏在新皮质里面。研究发现，在人的一生中，前一种的信息储蓄要比后一种的信息储蓄发挥更大的功能，约有50倍以上！由此可见，0～3岁时期的记忆培养是非常重要的。

第2节　掌握提高幼儿记忆力的有效途径

幼儿的记忆力是随着年龄的增长而增强的，如果父母能够寻找一些积极有效的方法，则可以有效提高他们的记忆力。为了解决这个问题，蒙台梭利提出了著名的"三阶段名称教学法"。

这是蒙台梭利的经典教育方法，蒙台梭利认为，幼儿的记忆力完全可以通过三种教学过程来指导实现，比如教幼儿认识颜色，可以按照这样的一个教学顺序（见下表）：

阶段	说明
第一阶段	● 将数字的名称与实物对应起来介绍给幼儿。妈妈可以拿出红色与黄色的学习卡，依次指给幼儿看，并告诉他，"这个是红的""这个是黄的"
第二阶段	● 请幼儿将与名称相对应的实物找出来。妈妈可以向幼儿提问，"哪个是红的？""哪个是黄的？"然后幼儿逐一指出来
第三阶段	● 将实物的名称记住。妈妈可以指着其中的一张卡片问幼儿："这是什么颜色？"然后，让幼儿将具体的颜色说出来

事实证明，这种循序渐进的指导方法不仅能够很好地吸引幼儿的注意力，还能激发起幼儿的学习兴趣。在生活中，如果选用幼儿熟悉的事物进行训练，不仅幼儿接受起来比较快，记忆也会更加牢固。

在早教过程中，我们要用有效的方法，有目的地帮助幼儿养成良好的记忆习惯。如果将"三阶段名称教学法"引申开来，完全可以根据幼儿的年龄，找到适合他们的记忆方法。

0 ~ 1 岁的幼儿

1. 多重复几次，加深印象

到了喝奶的时间，妈妈可以拿出奶瓶在幼儿面前摇一摇，告诉他："喝奶的时间到了。"这样多重复几次，等妈妈再一次摇奶瓶时，幼儿就会知道"喝奶时间到了"。幼儿的记忆保持时间虽然比较短，但只要妈妈耐心地多重复几次，他还是能记住的。

2. 经常和幼儿说说话

0 ~ 1 岁的幼儿年龄小，还听不懂大人的话，但他们的小脑袋已经开始对声音进行识别了。如果妈妈经常跟他说话交流，那么，他就会把妈妈的语音信息储存到大脑里。慢慢地，幼儿就能够通过对声音的记忆来区分身边的亲人和陌生人了。

3. 给幼儿提供丰富多彩的生活

记忆是建立在丰富的认知经验基础上的，要为幼儿提供丰富的生活环境，比如给幼儿准备各种颜色、各种形状的玩具，给幼儿听听音乐，带幼儿去公园、动物园……当幼儿不断地通过视觉、听觉、嗅觉等感官接触事物、认识事物时，脑海里就会留下深刻的记忆。

1 ~ 2 岁的幼儿

1. 充分利用形象增强记忆

蒙氏教育认为，幼儿在感知的基础上首先发展起来的是形象记忆，在幼儿的成长初期，形象记忆是一种最有效的学习方法。

妈妈可以向幼儿展示一些水果的图片，告诉他："这是苹果。"这时候他就会把"苹果"的概念和形象联系起来输入大脑中。之后，妈妈要尽可能地创造机会，让幼儿亲眼去看一看、尝一尝苹果，这样，整个记忆过程就会变得轻松而高效了。

2. 动作和表情辅助记忆不可少

在教幼儿学习的过程中，如果找不到图片和实物，完全可以尝试着用肢体动作或一些表情来帮助幼儿强化记忆。比如，妈妈在给幼儿讲《三只小猪》的故事时，可以向前撅撅嘴做小猪状，让幼儿跟着一起做，这样就容易记住小猪了。

2～3 岁的幼儿

1. 帮助幼儿在理解的基础上记忆

一般来说，幼儿都喜欢采用机械记忆的方法，但是机械记忆往往比较枯燥，比较容易遗忘。因此，要帮助幼儿在理解的基础上进行记忆。比如在教幼儿一首古诗时，可以先用讲故事的形式给他描绘一下古诗中所要表现的内容。有了这个基础，记忆的效果就会更好，保持的时间也会更久。

2. 有意识地给幼儿安排一些记忆任务

在日常生活中，可以有意识地给幼儿安排一些需要记忆的任务。比如周末带幼儿去植物园之前，让幼儿留心植物园里的花朵都是什么样子的，有哪些颜色的花朵，长得多高……回到家之后，如果幼儿有兴趣，可以让他说给家人听听。幼儿复述时，妈妈还可以帮其记录下来，使幼儿产生一定的成就感。

3. 鼓励幼儿尝试多种记忆方法

妈妈可以引导幼儿学习使用一些记忆法，比如联想记忆法。当妈妈在教幼儿识记数字"3"时，可以让幼儿看一看妈妈的耳朵，也可以让幼儿照镜子看看自己的耳朵；当幼儿发现"3"很像自己的耳朵时，会很快就会记住"3"这个数字。

第3节 走进幼儿记忆力训练游戏大乐园

第一部分 1岁幼儿记忆力训练小游戏

1. 摇杯子

游戏目的：

增强幼儿对动作的记忆，体会摆弄物品的乐趣。

所需道具：

一个乒乓球、一个杯子。

跟我一起这样做：

1. 卧室里，让幼儿看着妈妈。

2. 妈妈抓起一个小球放进茶杯里。

3. 妈妈拿起杯子摇几下。

4. 妈妈把这些道具放在一边。

5. 之后，妈妈把这些道具交给幼儿，看其是否会模仿妈妈的做法去摇晃杯子。

6. 幼儿在模仿妈妈的样子摇杯子。

游戏延伸：

如果幼儿成功地模仿出来，那就隔1天、1周，然后是1个月，再次把这些道具交给幼儿，看其是否还记得这些。

游戏提示：

如果幼儿没有按照妈妈的意愿将杯子摇晃起来，也不要急，更不能强迫幼儿。可以先等一等，等幼儿有了兴趣，再去让他做这样的动作。

听听专家怎样说：

这时候的幼儿，能够认识一些东西了。这样，可以让幼儿做些模仿的游戏。这种游戏，不仅可以锻炼他们的动手能力，体会摆弄物品的乐趣，还能有效增强他们的动作记忆效果。

2. 镜子中的人是谁

游戏目的：

训练幼儿的简单记忆能力，增加幼儿的感觉刺激。

所需道具：

一面穿衣镜。

跟我一起这样做：

1. 妈妈抱着幼儿一起坐到镜子前面，告诉幼儿镜子中都有谁——妈妈和幼儿。

2. 让幼儿看看镜子中的妈妈，对幼儿说："这是妈妈，这是爱你的妈妈。"

3. 妈妈一边抱着幼儿看镜子，一边哼唱儿歌："我的好妈妈，下班回到家，劳动了一天，妈妈辛苦了！妈妈、妈妈快坐下，妈妈、妈妈快坐下，请喝一杯茶！让我亲亲你吧、让我亲亲你吧！我的好妈妈……"

游戏延伸：

在幼儿盯着镜子看的时候，可以问幼儿，镜子中除了妈妈还有谁，以此来激发幼儿的记忆力。

游戏提示：

如果幼儿不想看了，不要强迫幼儿长时间地盯着镜子看，以免浇灭他游戏的热情。可以在第二天再接着和幼儿一起照镜子。

听听专家怎样说：

　　1 岁左右的幼儿记忆的范围很小，起初只能认妈妈、亲人，然后才能再认周围的事物。这个游戏，就是引导幼儿认识妈妈的轮廓，从而产生印象。做这个游戏的时候，家长要有耐心，不要着急，不要对幼儿的期望太高。

3. 这些东西都是什么

游戏目的：

训练幼儿的记忆能力，丰富幼儿的感觉刺激。

所需道具：

自然界中的事物，比如花朵、小草等。

跟我一起这样做：

1. 妈妈抱着幼儿站在花丛边，向幼儿介绍各种花名，比如牵牛花、月季花等。反复多说几遍花的名字。

2. 妈妈蹲下身子，让幼儿用小手摸摸花朵、闻闻花香，对幼儿说："这是牵牛花，像个小喇叭。"

3. 妈妈一边抱着幼儿观察，一边哼唱童谣："牵牛花，上窗台，织个绿窗帘，挂满小喇叭……"

游戏延伸：

在幼儿观察花朵和小草的时候，可以让幼儿用小手摸摸，用鼻子闻闻，刺激幼儿的多种感官，激发幼儿的记忆力。

游戏提示：

如果幼儿想将花朵摘下来，要告诉其不能摘花朵，要爱护花草。

4．认亲人

游戏目的：

引导幼儿记住妈妈的照片，提高幼儿的记忆力。

所需道具：

一张妈妈的照片、几张其他人的照片。

跟我一起这样做：

1．卧室里，妈妈拿着自己的照片，让幼儿观看。重复几次。

2．妈妈将自己的照片与其他人的照片一起放到床上，让幼儿选择哪张是妈妈的照片。

3．一会儿后，幼儿便将妈妈的照片选了出来。

游戏延伸：

如果幼儿很容易地找到了妈妈的照片，可以再多放几张其他人的照片，让幼儿找出妈妈的照片，提高难度。

游戏提示：

为了让幼儿对妈妈的照片印象深刻，开始的时候，要让幼儿多看几次照片。开始的时候，可以少选几张照片，等幼儿熟练了可以多放几张照片。

听听专家怎样说：

　　1岁的幼儿已经能够认识一些东西了，可以让他们学着认识家人的照片，然后设置一些小游戏，让他们从众多的照片中，将熟悉的人的照片找出来。这种游戏，不仅可以加深他们对家人的印象，还可以激发幼儿的记忆力。

5.拍手掌

游戏目的：

发展幼儿的记忆能力，提高他们的模仿能力。

所需道具：

无。

跟我一起这样做：

1．床上，妈妈和幼儿面对面坐着。

2．妈妈让幼儿闭上眼睛，然后拍手掌。

3．妈妈连续拍了几下，问幼儿："刚才，妈妈一共拍了几下？"幼儿回答说："5下。"

4．妈妈表扬了幼儿，继续拍手掌，问幼儿："这次呢？"幼儿呵呵一笑说："7下。"

游戏延伸：

只要幼儿回答正确，次数可以越来越多。

游戏提示：

开始的时候，为了激发幼儿的兴趣，可以少拍几下。

听听专家怎样说：

　　幼儿一般都会和妈妈玩拍手掌的游戏，其实，如果能够将这种游戏充分利用起来，对于提高幼儿的记忆力是非常有好处的。

第二部分 2岁幼儿记忆力训练小游戏

6.图画上都有什么

游戏目的：

引导幼儿将图画上的景物回忆起来，培养良好的记忆效果。

所需道具：

图画书或卡片。

跟我一起这样做：

1.客厅里，妈妈和幼儿坐在桌边。桌上摆放着一本图画书。

2.妈妈翻到其中含有多种动物的一页，让幼儿在规定的时间里看完。

3.幼儿正在认真看，并默默记忆。

4.妈妈将书合上，对幼儿说："你能说说，上面都有什么吗？"

你能说说，上面都有什么吗？

有小猪、山羊、火鸡……

5.幼儿一边回忆，一边说："有小猪、山羊、火鸡……"

游戏延伸：

可以找些水果的图片，让幼儿记忆。

可以逐渐增加种类，提高幼儿记忆的难度。

游戏提示：

如果幼儿记住的不多，可以引导他将动物进行分类，如兽类有几种，鸟类有几种，鱼类有几种，这样就能记得快些。

听听专家怎样说：

幼儿对色彩艳丽的图片都非常感兴趣，可以让幼儿看一张画有数种动物的图片（或东西，实物也可以），限定在一定时间内看完。然后，将图片拿走，让幼儿说出图片上有哪些动物。事实证明，这种方法能够有效增强幼儿的记忆力。

7. 对号入座

游戏目的：

引导幼儿将各种水果对号入座，提高幼儿的记忆效果。

所需道具：

各种水果及写有编号的卡片。

跟我一起这样做：

1. 客厅里，妈妈和幼儿坐在桌边。桌上，摆放着各种各样的水果和一堆卡片。

2. 妈妈将苹果和卡片"1"放在一起，将香蕉和卡片"2"放到一起，将葡萄和卡片"3"放到一起……幼儿在一边认真地观看。

3. 幼儿正在认真看，并默默记忆。

4. 妈妈将各种水果和相对应的卡片分离开来，说："×××能将这些卡片和水果对应上吗？"

5. 幼儿拿起卡片"1"，摆放在了苹果前面。接着，拿起了卡片"2"……

游戏延伸：

可以逐渐增加水果的图片，提高幼儿的记忆效果。

游戏提示：

如果幼儿找不到对应的号码，可以及时提醒。

如果幼儿玩到一半，不想再玩了，不要加以训斥；休息片刻之后，再引起他的兴趣。

 听听专家怎样说：

幼儿一般都有很多玩具，家长可以将家里的小动物玩具集合起来，事先给每个小动物玩具编上号码，让每个小动物玩具都站在自己的号码上；然后，将号码拿起来，并把号码弄乱，让幼儿给每个小动物玩具把它们原来的号码贴上，从而增强幼儿的记忆力。

8.记忆游戏

游戏目的：

和幼儿玩记忆游戏，培养良好的记忆习惯。

所需道具：

卡片、笔。

跟我一起这样做：

1.客厅里，妈妈和幼儿坐在桌子边。桌子上摆放着几张卡片和一支笔。

2.妈妈拿起卡片，教幼儿读：太阳、鞋子、膝盖、门、蜂箱、手杖。幼儿跟着读。

3.妈妈拿着"太阳"卡片，给幼儿编故事：一本书在燃烧，因为太阳藏在里面。

4.妈妈拿着"门"卡片，给幼儿编故事：你的卧室门打不开了，因为一张巨大的邮票把它贴得牢牢的……幼儿瞪大了眼睛，静静地听着。

游戏延伸：

可以增加图片的内容，提高幼儿的记忆效果。

游戏提示：

为了提高幼儿的兴趣，可以将故事编得生动一些。

听听专家怎样说：

　　当需要记忆大量独立的信息时，可以人为地创造一种联系，使许多独立的信息成为一个组块，从而提高记忆效果。比如，家长可以指导幼儿把"大象"与"老鼠"联系起来，想象"老鼠钻到大象的长鼻子里了。"……这样，就把这些内容联系起来了。

9. 摄像机的眼睛

游戏目的：

训练幼儿的记忆力。

所需道具：

铅笔、橡皮、积木、皮球、插片等10种物品。

跟我一起这样做：

1. 家长随意把10种物品排列在桌子上，用布盖住。

2. 将幼儿带到客厅，掀开布让他观察1分钟。在这1分钟里，要让幼儿尽可能地把桌上所有的东西记下来。

铅笔、积木……

3. 时间到了之后，妈妈又将布盖上。

4. 幼儿凭着记忆把桌上放的东西告诉妈妈："铅笔、积木……"

游戏延伸：

选用的物品可以逐渐增多，提高难度。

游戏提示：

如果幼儿回忆不起来，可以适当延长观看的时间。

盖起来的物品不能打开偷看。

10. 走一走，读一读

游戏目的：

记忆门牌号，培养幼儿良好的记忆习惯。

所需道具：

无。

跟我一起这样做：

1. 小区里，妈妈和幼儿边走边读。

2. 走到3号楼2单元的时候，妈妈说："3号楼2单元。"幼儿跟着读："3号楼2单元。"

3. 走到3号楼3单元的时候，妈妈说："3号楼3单元。"幼儿跟着读："3号楼3单元。"

游戏延伸：

家长可以提问，幼儿来回答。

游戏提示：

开始的时候，幼儿可能分不清什么是单元，什么是楼牌号，要逐一教给他。

11. 数字训练

游戏目的:

让幼儿记忆大量的数字,发展记忆能力。

所需道具:

数字卡片。

跟我一起这样做:

1. 客厅里,妈妈和幼儿坐在桌子边。桌上摆放着一堆数字卡片。

2. 妈妈指着这些卡片,逐一读着:"3、5、7、8、2⋯"

3. 妈妈将数字卡片翻过来,对幼儿说:"你能将这些数字逐一背出来吗?"

4. 幼儿正在一边回忆,一边背诵:"3、5⋯"

游戏延伸:

数字的数量可以逐渐增加。

游戏提示:

开始的时候,数字可以少一些。

听听专家怎样说:

数字是最难记忆的,因而也是一种最好的训练记忆能力的材料。可以通过一些数字训练法,让幼儿记忆大量的数字,达到发展记忆能力的目的。

12. 演故事

游戏目的:

训练幼儿的记忆力。

所需道具:

图画书《小红帽》。

跟我一起这样做：

1. 沙发上，妈妈在给幼儿讲《小红帽》的故事。

2. 读完故事书后，爸爸扮演大灰狼，妈妈扮演外婆，幼儿扮演小红帽，表演故事内容。

游戏延伸：

如果有条件，可以准备一些道具，这样玩起来会更加有趣。

游戏提示：

在做游戏的时候，可以让幼儿任意发挥想象，说些话。

可以将故事的内容进行修改，只要玩得开心就可以，不要否定幼儿对剧情的创造。

不能因为是记忆力训练，而扼杀幼儿的创造力和想象力。

听听专家怎样说：

父母如果生硬地教幼儿一些词汇，不仅会让幼儿感到枯燥，而且幼儿也很难记住。以游戏的方式记忆某些事物，是发展幼儿记忆力的重要方法。妈妈可以自编很多亲子游戏活动，在轻松快乐的亲子活动中锻炼幼儿的记忆力。

---

13. 看图片

游戏目的：

利用形象、直观的图片，训练幼儿记忆力。

所需道具：

识字卡片。

跟我一起这样做：

1．沙发上，妈妈和幼儿读识字卡片。

2．当幼儿学到"地球"的时候，妈妈用电脑展示关于地球的图片。

3．幼儿的学习兴趣浓厚，掌握了"地球"这个名词。

游戏延伸：

可以用简洁的笔法，将"地球"的造型简要地勾勒出来，一边画一边讲给幼儿听，"地球是我们人类居住的星球"……

可以让幼儿自己来画，记忆会更深刻。

如果条件允许，还可以给幼儿制作一些幻灯片，这样幼儿学起来会更加充满趣味性。

游戏提示：

和幼儿一起在电脑上收集图片的时候，要注意用眼卫生，不能让幼儿长时间盯着电脑不放。

听听专家怎样说：

幼儿受思维能力的局限，在观察事物时很少深入体会事物的本质，只对那些形象鲜明生动的东西感兴趣，记忆较为牢固。父母可以用简洁的笔法，将"地球"的造型简要地勾勒出来，一边画一边讲给幼儿听，从而增加幼儿的记忆效果。

14．我在做什么

游戏目的：

让幼儿将看到的动作说出来，提高其动作记忆力。

所需道具：

一个皮球。

跟我一起这样做：

1．客厅里，妈妈和幼儿坐在桌子边。

2．妈妈依次做一个"打皮球"的动作、"滚皮球"的动作、"转皮球"的动作，让幼儿观察、记忆。

3．妈妈将皮球放在一边，用手做了一个"滚皮球"的动作，问幼儿："我这是在做什么？"幼儿想了想，回答说："滚皮球。"

4．妈妈又用手做了一个"打皮球"的动作，问幼儿："我这是在做什么？"幼儿回答说："打皮球。"

游戏延伸：

可以做一个"提东西"的动作、一个"粘东西"的动作、一个"剪东西"的动作、一个"抢东西"的动作、一个"搬东西"的动作等让幼儿来猜。

游戏提示：

如果幼儿回忆不起来，可以提前让他多看看，多观察。

听听专家怎样说：

人的一切生活习惯、体育运动以及劳动中的熟练技巧都是在运动记忆的基础上形成的。也正是由于运动记忆，动力定型才能形成和巩固。儿童最早出现的记忆是运动记忆，家长要多做一些这样的游戏，提高幼儿的运动记忆力。

15. 橱窗里有什么

游戏目的：

让幼儿将看到的东西说出来，提高其记忆力。

所需道具：

无。

跟我一起这样做：

1. 外出游玩的时候，路过一家商店。

2. 妈妈和幼儿站在橱窗前，仔细观察橱窗里陈列的东西。

3. 离开以后，妈妈问幼儿："刚才在橱窗里，你都看到了什么？"幼儿回答说："衣服，鞋子……"

游戏延伸：

妈妈也可以带幼儿观察动物园里的动物，回到家后，让幼儿说说看到了哪些动物。或者观察小区花园里的花坛，让幼儿说出有几种颜色的花。

游戏提示：

如果幼儿回忆不起来，可以带他再去看看。

听听专家怎样说：

2 岁的幼儿，已经能够记住一些东西了，尤其是自己感兴趣的东西。在带幼儿外出游玩的时候，如果路过商店的橱窗，先让幼儿仔细观察一下橱窗里陈列的东西。离开以后，让幼儿说出刚才所看到的东西。长期这样训练，可以有效提升幼儿的记忆力。

---

16. 这是什么味道

游戏目的：

让幼儿将看到的东西说出来，提高其记忆力。

所需道具：

白醋、陈醋、一块眼罩。

跟我一起这样做：

1. 客厅里，妈妈和幼儿坐在桌子边。桌子上摆放着白醋、陈醋。

2. 妈妈将幼儿的眼睛用眼罩蒙住，拿起白醋，对幼儿说："这是白醋，来闻闻这个。"幼儿动了动鼻子，闻起来。

3. 妈妈拿起陈醋，对幼儿说："这是陈醋，来闻闻这个。"幼儿动了动鼻子，闻起来。

4. 二三分钟后，妈妈再一次拿起来陈醋，让幼儿嗅一嗅，说："说说，这是什么？"幼儿回答说："这是陈醋。"

游戏延伸：

可以准备些白酒、黄酒，酱油、卤汁，辣椒酱、香油，豆瓣酱、芝麻酱，等让幼儿来猜。

游戏提示：

如果幼儿回忆不起来，可以多让他闻闻。

只能让幼儿闻到味道，不能让幼儿看到物品。

听听专家怎样说：

　　每种物品含有的味道是不同的，尤其是各种厨房物品。为了提高幼儿的嗅觉记忆，可以将厨房中的物品摆放出来，让幼儿闻闻其中的各种味道，然后，叫幼儿来猜。这样的游戏，不仅可以加深幼儿对味道的体验，还可以培养幼儿良好的嗅觉记忆力。

---

17. 辨颜色

游戏目的：

通过回忆衣服的颜色，让幼儿记住他看过的颜色。

所需道具：

衣服鞋帽。

跟我一起这样做：

1. 床上，妈妈让幼儿闭上眼睛。

2. 妈妈说："你能说说，妈妈现在穿的是什么颜色的衣服吗？"幼儿说："红色的。"

3. 妈妈说："拖鞋呢？"幼儿回答说："黄色的。"

你能说说，妈妈现在穿的是什么颜色的衣服吗？

红色的。

游戏延伸：

可以问幼儿你的头发是什么颜色的？

为了引起幼儿更大的兴趣，妈妈可以闭上眼睛说出幼儿的衣服、鞋子颜色。

游戏提示：

在正式提问之前，最好先让幼儿熟悉一下，不要贸然提问。

在幼儿回忆的时候，如果想不起来，家长可以提醒幼儿，给幼儿一些启发。

听听专家怎样说：

2岁的幼儿已经能够辨别颜色了，妈妈可以和幼儿玩猜颜色的游戏。从而，让幼儿对色彩多一些回忆，提高幼儿对色彩的记忆。

18. 比比，谁背得快

游戏目的：

训练幼儿背古诗，丰富幼儿的感觉刺激，增强他们的记忆能力。

所需道具：

幼儿古诗学习卡（最好是配有图片的）。

跟我一起这样做：

1. 妈妈和幼儿坐在床上，取出学习卡，读古诗《静夜思》："床前明月光，疑是地上霜。举头望明月，低头思故乡。"

2．妈妈一句一句地教幼儿阅读
古诗，直至幼儿能够背出来。

3．妈妈和幼儿比赛，看谁背得
又快又好。

游戏延伸：

教幼儿读古诗的时候，可以给
幼儿讲讲图中的故事，告诉幼儿一些
关键的词语，比如李白、床前、月光、举头等，便于幼儿形象记忆。

等到幼儿记忆得差不多时，可以带着幼儿一起记忆，妈妈说出前面的词
语，幼儿说出后面的。这样，有利于幼儿在最短的时间里记住古诗。

游戏提示：

为了防止幼儿表现出厌烦情绪，可以配上一些图片、动作或夸张的声音，
这样，幼儿更容易接受新的事物。

听听专家怎样说：

2 岁的幼儿以形象记忆为主，他们对那些感兴趣的物体更容易记
住。这时候，幼儿已经会说话了，完全可以在激发兴趣的前提下，多
教他们背一些四言句的小古诗，从而有效提高记忆效果。

19．从哪儿开始

游戏目的：

训练幼儿记住已经讲过的内容，提高他们的记忆能力。

所需道具：

幼儿故事书（最好是配有图片的），比如《三只小猪的故事》。

跟我一起这样做：

1．妈妈和幼儿坐在床上，取出故事书，问幼儿：昨天，咱们讲到哪里了？

242

2．幼儿回忆，说：大灰狼出现了……

3．妈妈夸赞幼儿，然后继续讲故事。

游戏延伸：

教幼儿回忆故事情节的时候，可以引导其观察一下图片中的插图，让幼儿回忆。

等到幼儿回忆得差不多的时候，可以让幼儿将整个故事讲给爸爸妈妈听。

游戏提示：

为了激发幼儿的兴趣，可以配上一些图片、动作或夸张的声音，这样，幼儿更容易接受并跟着妈妈的思路走。

听听专家怎样说：

2 岁的幼儿已经能够记住东西了，这时候，家长可以和幼儿做些回忆的游戏，引导他们将学过的东西记住，提高记忆力。

20．动物运动会

游戏目的：

通过对号入座，训练幼儿的记忆力。

所需道具：

各种各样的玩具。

跟我一起这样做：

1．客厅里，妈妈将家里的玩具集合起来，给每个玩具编上号码。

2．开始时，请幼儿记住每个玩具的编号。

3．妈妈将号码拿起来，并把号码弄乱。

4．妈妈让幼儿把每个玩具原来的号码贴上，看看幼儿是不是能够准确

地把号码和玩具一一对号入座。

5．幼儿将号码准确地贴到了相应的玩具身上。

游戏延伸：

一个回合之后，可以增加一些玩具，逐渐提高难度。

游戏提示：

在幼儿配对的时候，如果想不起来，家长可以提醒幼儿，给幼儿一些启发。

听听专家怎样说：

　　每个幼儿都会有很多小玩具，家长完全可以将这些玩具充分利用起来，提前编上号码，让幼儿玩配对的游戏。这样的小游戏有利于提高幼儿的记忆力。

21．复述图片内容

游戏目的：

通过复述图片的内容，激发幼儿的记忆力。

所需道具：

15 张内容不同的图片。

跟我一起这样做：

1．妈妈把 15 张不同内容的图片放在桌上。

2．让幼儿看一会儿，然后，将每张图片翻过来。

3．让幼儿把所看到的图片内容尽可能地复述一遍。

4．幼儿在认真地回忆每一张图片的内容。

游戏延伸：

可以增加一些图片的数量，以提高游戏难度。

游戏提示：

最好选择一些幼儿感兴趣的图片。

在幼儿回忆的时候，如果想不起来，家长可以提醒幼儿。

如果幼儿想起来了，要及时给予幼儿鼓励。

> **听听专家怎样说：**
>
> 2 岁的幼儿对那些他们感兴趣的物体更容易记住。这时候，完全可以在激发兴趣的前提下，多让他们玩些这类的记忆游戏，有利于提高他们的记忆力。

22．配音乐

游戏目的：

使短期记忆演变为长期记忆，能保存很长时间。

所需道具：

歌谣卡片、录音机、磁带。

跟我一起这样做：

1．沙发上，妈妈在和幼儿读歌谣。

2．妈妈教幼儿背二十四节气歌："春雨惊春清谷天，夏满芒夏暑相连，秋处露秋寒霜降，冬雪雪冬大小寒。"幼儿表情索然。

3．妈妈配合音乐唱给幼儿听，幼儿来了兴趣，和妈妈哼唱起来："春雨惊春清谷天……"

4．幼儿学会了之后，立刻就哼哼呀呀地唱给爸爸听。

游戏延伸：

其实，很多难以识记的枯燥内容都可以编成歌谣，除二十四节气歌外，乘法口诀、珠算口诀等都可以配合音乐让幼儿加深记忆。

游戏提示：

父母和幼儿玩这个游戏时，开始可以选一些比较简单的歌谣，让幼儿容易记住。

听听专家怎样说：

当幼儿会说话时就可以放一些儿童歌谣，让幼儿多听，通过一段时间量的积累，幼儿的语言和记忆能力就会有质的飞跃。音乐不但可以增强识记内容的趣味性，还可以让幼儿记得更牢，使短期记忆演变为长期记忆，能保存很长时间。

23.小鸭子在哪里睡觉

游戏目的：

促使幼儿将短期记忆演变为长期记忆，保存很长时间。

所需道具：

三个不同颜色的塑料杯、一只塑料小鸭子。

跟我一起这样做：

1．沙发上，妈妈在和幼儿做游戏。

2．妈妈将三个不同颜色的塑料杯子倒扣在桌子上。

3．妈妈拿出小鸭子，告诉幼儿："小鸭子要睡觉喽。"一边把小鸭子放进其中一个杯里。

4．妈妈问幼儿："小鸭子在哪儿睡觉啊？"幼儿一下子就找出来了。

游戏延伸：

当幼儿熟练后，可以换一个杯子放置小鸭子。

游戏提示：

游戏过程中，如果幼儿没记住，妈妈可以把小鸭子拿出来对幼儿说："哦，在这里睡觉啊！"然后重复这个游戏，把玩具仍旧放在那个杯里，直到幼儿指出小鸭子所在的杯子。

听听专家怎样说：

　　明智的家长绝不会"命令"幼儿记住这、记住那，而是让幼儿在玩中学、玩中记。而游戏往往能重复地反映幼儿经历过的事件，从而加深理解，起到巩固记忆的作用。

24. 我看到了……

游戏目的：

培养幼儿有意记忆的能力。

所需道具：

小口杯、玩具熊、玩具电话等。

跟我一起这样做：

1. 桌上摆放着小口杯、小熊、玩具电话等。

2. 妈妈让幼儿看一会儿。

3. 妈妈用布将这些物体遮起来，让幼儿回忆看到的是什么。

4. 幼儿回答说："电话……"

游戏延伸：

开始时，只要让幼儿说出物体的名称就可以了。成功之后，可以让幼儿说一下物体的颜色等。

游戏提示：

前几次游戏，玩具的数量不要多，可以控制在 4 ~ 5 样，让幼儿看一会儿，然后用布遮起来。

听听专家怎样说：

　　家长可以找些小卡片或者是小玩具、生活用品等实物放在桌上，让幼儿看一会儿，然后用布遮起来，让幼儿说说看到的是什么。事实证明，这个游戏是可以培养幼儿的有意记忆能力的。

25. 积木叠叠叠

游戏目的：

将积木一块块地叠加起来，提高幼儿记忆效果。

所需道具：

积木若干。

跟我一起这样做：

1. 客厅里，妈妈和幼儿坐在桌边。桌上摆放着一堆积木。

2. 妈妈引导幼儿，先将大块的积木放在最下面。

3. 幼儿正在一个个地摆放积木。

4. 积木越摆越高，妈妈在一边欣慰地微笑。

游戏延伸：

积木的数量可以逐渐增加。

为了提高难度，可以逐渐增加一些不规则的积木。

游戏提示：

开始的时候，可以摆放得规律些，方便幼儿记忆。

当积木越来越高的时候，如果幼儿记忆有困难，家长可以适当提供帮助。

在幼儿进行叠加的时候，家长要指导幼儿尽可能地慢慢叠，并提醒幼儿要注意安全。

听听专家怎样说：

摆积木也是一个提高幼儿记忆力的好方法。幼儿一般都喜欢摆弄积木，可以给幼儿准备一些积木，让其将积木一块块地叠加起来。叠加得越高越好！

第三部分 3 岁幼儿记忆力训练小游戏

26．家庭小剧场

游戏目的：

通过回忆，让幼儿记住他学过的东西。

所需道具：

无。

小黑球，水里游，细细的尾巴，大大的头。

跟我一起这样做：

1．家长和幼儿坐在床上，问幼儿："今天，老师教你们什么儿歌了？"

2．幼儿说："小蝌蚪。"妈妈问："你能给妈妈表演一下吗？"

3．幼儿大声说："小黑球，水里游。细细的尾巴，大大的头。"

4．幼儿说完后，妈妈为幼儿鼓掌。

游戏延伸：

让幼儿回忆的时候，可以让幼儿扮演"老师"，家长扮演"学生"。让"老师"将古诗、儿歌之类的教给"学生"。

游戏提示：

在幼儿回忆的时候，如果想不起来，家长可以提醒幼儿，在幼儿园学了哪些儿歌、哪些舞蹈，做过哪些美工等，给幼儿一些启发。

🎵 听听专家怎样说：

幼儿园的生活是丰富多彩的，幼儿从幼儿园回到家里之后，家长可以鼓励他们将园中生活讲一讲。幼儿在讲的时候，需要充分调动自己的记忆力，可以有效刺激幼儿记忆力的提高。

27. 什么不见了

游戏目的：

通过回忆家里的东西，提高幼儿的记忆力。

所需道具：

家里的东西。

跟我一起这样做：

1. 妈妈接幼儿回到家里之后，问幼儿："你看看，咱们的客厅里，什么东西不见了？"

2. 幼儿看了看四周，说："茶几不见了，唉！去哪里了？"

游戏延伸：

可以将家里的任何一件东西藏起来，让幼儿来猜。

游戏提示：

在幼儿回忆的时候，如果想不起来，家长可以提醒幼儿，这个位置平时摆放的是什么。给幼儿一些启发。

你看看，咱们的客厅里，什么东西不见了？

茶几不见了，唉！去哪里了？

听听专家怎样说：

在幼儿回家之前，家长可以稍微变换家里的物品摆设，也可以藏起某样东西，等幼儿从幼儿园回来后，让他说出家里的什么东西不见了，哪些物品的位置换过了等。这样的一个过程，也可以充分调动起幼儿的记忆力。

---

28. 看谁说得对

游戏目的：

通过一问一答，引导幼儿将一定的内容记住。

所需道具：

玩具电话 2 部。

跟我一起这样做：

1．客厅里，妈妈和幼儿正在玩打电话的游戏。

2．妈妈问："你住在哪里啊？"幼儿回答："西里小区。"

3．妈妈问："你家的电话号码是多少？"幼儿回答说："89388278。"

4．妈妈问："你的爸爸叫什么名字呢？"幼儿回答说："张强。"

游戏延伸：

可以多问幼儿一些问题，比如家里都有谁，妈妈的生日是什么时候，你最喜欢吃什么饭等让幼儿回答。

可以和幼儿互换角色，幼儿提问，妈妈来回答。

游戏提示：

在幼儿回答的时候，如果他说不完整，也不要代替幼儿回答。

在做这个游戏之前，最好让幼儿对这些常识有些基本的了解。

如果是几个小朋友一起玩，就更有竞争性，幼儿会更加踊跃，游戏的效果也会更好。

听听专家怎样说：

为了训练幼儿的记忆力，可以和幼儿以"打电话"的方法来玩游戏。在这个游戏中，家长可以问些问题，让幼儿来回答，从而训练幼儿的记忆力。

29. 依次说出名称

游戏目的：

让幼儿说出看过的物品，提高记忆效果。

所需道具：

小汽车、积木、玩偶、皮球、球拍等。

跟我一起这样做：

1. 客厅里，妈妈和幼儿站在桌子旁。

2. 妈妈把小汽车、积木、玩偶、皮球、球拍等按先后次序排列在桌上。

3. 妈妈给幼儿 30 秒的时间，让他按顺序将这些物品记住。

4. 妈妈将这些物品遮起来，让幼儿凭记忆依次说出这几样物品的名称。

5. 幼儿在认真回答问题："小汽车、积木……"

游戏延伸：

物品可以逐渐增多，增加记忆的难度。

游戏提示：

在幼儿回忆的时候，如果想不起来，家长可以提醒幼儿。

听听专家怎样说：

3 岁的幼儿以形象记忆为主，他们对自己感兴趣的物体更容易记住。家长可以选择几种物品按先后次序排列在桌上，给幼儿 30 秒的时间记住，然后遮起来，要求幼儿凭记忆依次说出这几样物品的名称。幼儿在说的过程中，也就训练了记忆力。

---

30. 拍拍手

游戏目的：

让幼儿数出拍手的次数，训练记忆力。

所需道具：

无。

跟我一起这样做：

1．卧室里，妈妈和幼儿坐在床上。

2．妈妈要幼儿闭上眼睛，妈妈拍拍手。

3．妈妈问幼儿："刚才我拍了几下？"

幼儿回答说："3 下。"

4．妈妈再多拍几下，让幼儿回答是几下。幼儿回答说，是 7 下。

游戏延伸：

之后，为了增加难度，可以多拍几下；也可以先拍了几下，停顿，再拍，再停，再拍。然后问幼儿："刚才 3 次共拍了多少下手？" 也可以要求幼儿跟着做。

游戏提示：

开始的时候，可以少拍几下，让幼儿回答，让其体会答对的快乐。

听听专家怎样说：

拍手掌是一个不错的提高幼儿记忆力的良好方法，家长可以和幼儿玩此类游戏，以此来增加他们的记忆力和模仿能力。

31．画张记忆地图

游戏目的：

通过画路线图，提高幼儿记忆力。

所需道具：

纸、笔。

跟我一起这样做：

1．客厅里，妈妈和幼儿坐在桌子边上。

2．妈妈和幼儿一起将去过的动物园观赏路线画出来。

3．妈妈问幼儿："从大门进去之后，咱们去了哪里？"幼儿回答说："熊猫馆。"

4．妈妈在地图上把熊猫馆标出来，问："然后呢？"

5．幼儿说："后来，去的是猴山。有好多小猴子呢。"妈妈又将幼儿说的这个地点在地图上画出来。

游戏延伸：

妈妈可以和幼儿互换角色，由妈妈负责回忆，由幼儿负责画图，如果幼儿不会画，妈妈可以给予指导。

地图画好之后，可以和幼儿再去一次动物园，加深印象。

游戏提示：

开始的时候，可以让幼儿自己回忆，到了后面，如果幼儿一时想不起来，妈妈可以提醒一下。

听听专家怎样说：

3岁的幼儿已经能够记得住路线了。去公园时，可以给幼儿介绍一下周围的标志物。回到家之后，制成一幅简单的地图，画出标志物。下次再去公园时，拿出地图，叫幼儿指出主要标志物。这种游戏，可以提高幼儿的记忆能力。

32．送数字回家

游戏目的：

通过将数字卡片送到准确的位置，提高幼儿记忆力。

所需道具：

一张大方格纸、一些常见的数字卡片。

跟我一起这样做：

1. 桌上，摆放着一张大方格纸和一些常见的数字卡片。

2. 妈妈在第一行格子中摆进 4 种数字卡片，让幼儿仔细观察。

3. 一会儿，妈妈拿掉卡片，让幼儿动脑筋，帮助这些数字回到自己的家。

游戏延伸：

如果幼儿找到了，妈妈可以再将 4 张数字卡片移到另外的格子上，重复步骤。

游戏提示：

开始的时候，可以让幼儿自己回忆，到了后面，如果幼儿一时想不起来，妈妈可以提醒一下。

听听专家怎样说：

为了提高幼儿的记忆力，可以准备一张大方格纸以及一些常见的数字卡片。在第一行格子中摆进几种数字卡片，让幼儿仔细观察一会儿，拿掉卡片，让幼儿动脑筋，帮助这些数字回到自己的家。这样的游戏，对提高幼儿的记忆力是非常有利的。

33. 这是用什么写的

游戏目的：

让幼儿将看到的东西说出来，提高记忆力。

所需道具：

铅笔、水彩笔、毛笔、油画棒等，一张白纸。

跟我一起这样做：

1. 客厅里，妈妈和幼儿坐在桌子边。桌子上，摆放着铅笔、水彩笔、毛笔、油画棒等，以及一张白纸。

2．妈妈依次用桌上的笔在白纸上写字，让幼儿观察。

3．妈妈让幼儿背对自己。然后，拿起铅笔在白纸上写下一个字。

4．妈妈将写好的字递给幼儿，问："这是用什么笔写的？"幼儿想了想，说："铅笔！"

5．妈妈赞许地点点头。

游戏延伸：

可以用毛笔在宣纸上写字、用手指蘸水在桌子上写字等方式，让幼儿来猜。

游戏提示：

如果幼儿回忆不起来，可以让他多看看，多观察。

提问幼儿的时候，要让幼儿背对着家长。

听听专家怎样说：

不同的笔写出来的字都是不一样的，家长可以用铅笔、彩笔、毛笔等在纸上写下不同的字，让幼儿来猜。这样的游戏，可以有效地锻炼幼儿的视觉记忆力。

34．小小摄影家

游戏目的：

训练幼儿的记忆力。

所需道具：

折叠纸筒（照相机）一个。

跟我一起这样做：

1．妈妈准备好一个折叠纸筒，当成照相机。

2．幼儿当摄影师，高举摄影机，观察妈妈摆出的各种姿势和表情，比如微笑、痛哭、故意做鬼脸。

3．幼儿放下摄影机，闭上眼睛。1分钟以后，模仿妈妈刚才的表情和动作。

游戏延伸：

照相者可以随便摆出各种姿势，比如站着、弯腰、跳起来、伸出胳膊等；还可以做出各种表情，比如大笑、高喊、沮丧、愁容满面等。

游戏提示：

如果幼儿回忆不起来，可以让他多看看。

听听专家怎样说：

这个时期的幼儿，对鲜明、生动、有趣的事物非常感兴趣，这些事物能引起他的情绪反映，重复多次后使幼儿能够不费力地记住。

35．猜谜语

游戏目的：

激发幼儿的自豪感，训练幼儿良好的记忆习惯。

所需道具：

谜语卡片。

跟我一起这样做：

1．沙发上，妈妈和幼儿猜谜语。

2．妈妈先出了个简单的谜面："很大的方块，上面有门又有窗。"幼儿马上就猜出来是楼房。

3．幼儿反过来考妈妈："一个西瓜圆又大，有时弯弯，有时像桥。"

4．妈妈故意装作不知道，幼儿很得意。

游戏延伸：

熟练后，还可让幼儿自己编谜语，父母猜谜底。

游戏提示：

父母和幼儿玩这个游戏时，开始可选一些比较简单的谜语，让幼儿很容易猜出来，或经过父母稍稍提示就能知道谜底，这样可以很好地调动幼儿的猜谜兴趣。

听听专家怎样说：

猜谜语可以促进幼儿智力的发展。在整个猜谜的过程中，不但能让幼儿的想象力得到启发，还会增强幼儿的记忆能力。对于幼儿早期智力发育有着很好的促进作用，是一个既实用又简便的亲子游戏。

36．听指令

游戏目的：

引导幼儿完成指令，提高他们的记忆能力。

所需道具：

无。

跟我一起这样做：

1．妈妈对幼儿说："去帮妈妈把拖鞋拿过来，然后再将地上的纸团捡起来扔到垃圾桶。"

2．幼儿跑到门口，将妈妈的拖鞋拿了过来。

3．幼儿站在妈妈的对面。妈妈一边穿拖鞋，一边问："还有什么事情没有做？"

4．幼儿想了想，然后便向纸团走去。

还有什么事情没有做？

游戏延伸：

开始的时候，可以说一个指令让幼儿去完成；慢慢地增加到两个、三个，甚至连续提四个。

游戏提示：

这些口令必须是一次提出的，帮助幼儿锻炼即时记忆的能力，让幼儿能在短时间内集中注意力。

📻 **听听专家怎样说：**

在家中，家长总会让幼儿帮着做些小事，其实，这些小事也是培养幼儿各方面能力的好机会。开始的时候，我们可以说一个指令让幼儿去完成，慢慢地增加到两个、三个，甚至是四个。这可以帮助幼儿锻炼即时记忆能力。

37.翻牌游戏

游戏目的：

引导幼儿集中注意力记住看到的每张牌的位置，提高他们的记忆能力。

所需道具：

扑克牌。

跟我一起这样做：

1.床上，妈妈把扑克牌中对子挑出来，比如一对5、一对9等。一般来说，开始时12~16张的数量比较合适。

2.妈妈将这些牌依次翻转，和幼儿一起玩，每人可以连续翻两次牌。

3.幼儿翻到一对，收一下牌。

4.妈妈翻到不同的，把牌放回去，再翻转扣上。

游戏延伸：

牌的对子数量可以逐渐增加。

游戏提示：

一般来说，开始时，12～16张的数量比较合适，不宜过多。等幼儿熟悉后再增加牌的数量。

听听专家怎样说：

"翻牌游戏"是很多幼儿喜欢的游戏。其实，家长只要准备一副扑克牌完全可以将电脑中的游戏转移到床上。这个游戏需要幼儿集中注意力记忆看到的每张牌的位置，比较难，不过很有趣，幼儿一定很喜欢。

38．幼儿相册

游戏目的：

不断积累表象素材，提高记忆能力。

所需道具：

照片。

跟我一起这样做：

1．公园里，妈妈在给幼儿照相。幼儿摆着各种各样的姿势。

2．回到家里之后，妈妈将照片打印出来，装到相册里。

3．幼儿和妈妈一边翻看相册，一边回忆拍照当时的情景。幼儿不时地发出笑声。

游戏延伸：

看相册的时候，可以让幼儿回忆一下当时的情景，越详细越好。

游戏提示：

外出玩耍时，要尽可能地为幼儿多拍一些照片。

听听专家怎样说：

幼儿相册是一个绝妙的记忆力训练方法。每次陪幼儿出去玩耍时，要尽可能地多拍一些记录幼儿活动的照片。回来后，让幼儿回顾，从而提高他们的记忆能力。

39. 餐桌上可玩的游戏

游戏目的：

不断积累表象素材，养成良好的记忆习惯。

所需道具：

各种小物品。

跟我一起这样做：

1. 妈妈将各种小物品摆放到餐桌上。

2. 让幼儿认真观察二三分钟，然后向他提出要求："桌上都有哪些物品？将它们记在心里。"

3. 让幼儿闭上眼睛，妈妈将一件物品拿走，放到一边。

4. 让幼儿将眼睛睁开，问他："什么东西不见了？"

游戏延伸：

等幼儿熟悉之后，可以逐渐增加难度，一次拿走二三件物品，让幼儿猜猜什么东西不见了。

游戏提示：

为了让幼儿加深印象，可以让他多观察一会儿。

40.说说我是如何做的

游戏目的：

复述做事的经过，养成良好的记忆习惯。

所需道具：

无。

跟我一起这样做：

1. 妈妈一边做家务，一边引导幼儿将做家务的过程记住。

2. 做完之后，幼儿坐在妈妈的腿上复述家务的过程："擦玻璃、擦桌子、拖地……"

游戏延伸：

可以让幼儿描述一下妈妈都是如何做家务的。

游戏提示：

做家务的时候，可以带着幼儿一起做，从而加深印象。

41．下围棋

游戏目的：

摆放围棋，提高幼儿记忆效果。

所需道具：

围棋。

跟我一起这样做：

1．客厅里，妈妈和幼儿坐在桌边。桌上摆放着一个棋盘和几颗围棋。

2．妈妈在棋盘上摆上七八个棋子，对幼儿说："仔细看看，等会儿你可以将其复原吗？"

3．妈妈将所有的棋子从棋盘上挪开。

4．幼儿一边回想，一边摆放棋子。

游戏延伸：

棋子的数量可以逐渐增加。

游戏提示：

开始的时候，可以摆放得规律些，以方便幼儿记忆。

听听专家怎样说：

摆放围棋也是一个提高记忆力的好方法。可以在围棋盘或象棋盘上摆上七八个棋子，让幼儿看1分钟左右，然后拿掉，再让幼儿照原样摆上。这样的游戏，不仅可以激发幼儿对围棋的兴趣，还可以有利于锻炼幼儿的记忆力。

42．跟我做

游戏目的：

通过重复家长的动作，培养幼儿的动作记忆。

所需道具：

一块糖、一个茶杯、积木、铅笔。

跟我一起这样做：

1. 客厅里，妈妈和幼儿坐在桌子边。桌子上摆放着一块糖、一个茶杯、积木、铅笔等。

2. 妈妈依次做下面的 3 个动作，让幼儿注意看。

第一个动作：把糖放到茶杯里，然后倒进一些凉水，再把杯盖盖上。

第二个动作：用 4 块积木任意组成一个图形。

第三个动作：用铅笔在杯子上敲一下，在积木上敲两下。

3. 家长做完后，让幼儿按顺序重做出来。

4. 幼儿学着妈妈的样子，用铅笔在杯子上敲一下，在积木上敲两下。

游戏延伸：

可以多提供一些材料，多引导幼儿做一些动作。

游戏提示：

如果幼儿想不起来下一个动作是什么，可以提醒他。

听听专家怎样说：

幼儿都具有强大的模仿能力，家长可以做一些手势，或者动作，让幼儿按照一定的顺序重新做出来，从而训练他们的动作记忆。事实证明，这种方法是非常有效的。

---

43. 等于几

游戏目的：

连续回答家长的几个问题，培养幼儿良好的记忆习惯。

所需道具：

无。

跟我一起这样做：

1. 客厅里，妈妈和幼儿坐在桌子边。

2. 妈妈依次把下列 3 道计算题念给幼儿听：

第一题：1 加上 2 等于多少？

第二题：2 加上 3 等于多少？

第三题：1 加上 4 等于多少？

3. 家长念完后，让幼儿按顺序说出 3 道题目的答案。

4. 幼儿在默默回忆，慢慢地说出了答案："1 加上 2 等于 3，2 加上 3 等于 5⋯⋯"

游戏延伸：

可以多说几道数学题，逐渐增加试题的难度。

游戏提示：

如果幼儿一时算不出答案，可以让他们充分利用自己的手指。

如果幼儿忘记了题目，可以及时提醒。

听听专家怎样说：

3 岁的幼儿一般可以做一些简单的算术了。家长可以连续向幼儿提出几道数学题，让幼儿说出答案。从而激发他们的记忆力，培养良好的记忆习惯。

44. 跟我读

游戏目的：

通过复述材料，提高幼儿记忆的广度。

所需道具：

无。

跟我一起这样做：

1. 客厅里，妈妈和幼儿坐在桌子边。

2. 妈妈依次把下列四组汉字念给幼儿听，每隔一秒钟念一个字。

第一组：书、球。

第二组：电、水、车。

第三组：好、吃、天、风。

第四组：走、饭、花、灯、狗。

3. 念完后，立即让幼儿复述出来。

4. 幼儿正在复述内容："书、球、电、水、车……"

游戏延伸：

可以多说几组内容，逐渐增加复述的难度。

游戏提示：

如果幼儿一时想不起来，可以及时提醒。

听听专家怎样说：

3 岁的幼儿一般可以记忆一些内容了，家长给幼儿念一些记忆材料，听完后立即让幼儿复述出来。这种方法对于提高幼儿的记忆广度是非常有效的。

45. 幼儿画册

游戏目的：

训练幼儿的记忆力和绘画能力。

所需道具：

画笔、纸板。

跟我一起这样做：

1. 家长带幼儿去动物园时，提示幼儿他看到了什么。

2. 回到家后，家长对幼儿说："让我们用画笔把游玩过程中所看到的内容全部画下来，好吗？"

3. 幼儿正在认真地画画。

4. 妈妈帮幼儿把这些画集结成册装订好。

游戏延伸：

幼儿回忆游玩的情节时，要提醒幼儿到过哪些地方，见到过哪些景物，人们都在做什么，动物有哪些有趣的动作等。甚至还可以鼓励幼儿讲给家长听听。

游戏提示：

在幼儿画画的时候，如果想不起来，家长可以提醒幼儿，给幼儿一些启发。

听听专家怎样说：

带幼儿出去游玩的时候，也是一个不错的锻炼幼儿记忆力的好机会。回到家里之后，可以引导幼儿回想一下，游玩的时候都看到了什么，都是什么样子的。这样，在幼儿的回答之中，记忆力也就提高了。

46.记忆纸袋

游戏目的：

发展幼儿的记忆能力，提高他们的模仿能力。

所需道具：

不透明的牛皮纸袋、玩具数件。

跟我一起这样做：

1. 客厅里，妈妈和幼儿坐在桌子边。桌子上摆放着一个牛皮纸袋和一些玩具。

2．妈妈当着幼儿的面，将玩具一个个地装到纸袋里，一边装，一边将玩具的名称说出来。

3．玩具都装进纸袋之后，妈妈问幼儿："你能说一下刚才妈妈都将什么玩具装进袋子里了吗？"幼儿回答说："汽车、书、手枪……"

游戏延伸：

可以多准备几个纸袋和玩具。

游戏提示：

开始的时候，为了激发幼儿的兴趣，可以少选一些玩具。

纸袋也可以换成纸箱，只要是不透明的即可。

> 你能说一下刚才妈妈都将什么玩具装进袋子里了吗？

> 汽车、书、手枪……

听听专家怎样说：

提高幼儿记忆力的方法有很多，比如，上面的这个游戏就是其中之一。这个游戏，主要是通过幼儿的记忆将物品一个个说出来，确实对幼儿记忆力的提高是有积极作用的。

第八章
促进幼儿知识进化的源泉
——蒙台梭利想象力训练

　　一般来说，幼儿在1岁之内是没有想象的，1～2岁会出现想象的因素，2～3岁想象会有所发展，可还是处在初级阶段。3岁以后，幼儿的想象也没有预定目的，没有主题……基于这些特点，蒙台梭利认为，可以通过多种途径培养幼儿的想象力。要注意的是，幼儿想象力的培养和发展不是一蹴而就的，爸爸妈妈要根据幼儿的年龄特点采取适合幼儿的有效方法，要提供条件丰富幼儿的生活经验，鼓励幼儿充分发挥想象能力，引导幼儿把自己的生活经验融入到想象活动中。

0～3岁幼儿想象力发展特点

一般来说，幼儿想象力具有这样的一些发展特点：

1. 经常会把想象和现实混淆在一起

幼儿的想象是以无意想象占主要地位，由于缺乏经验，幼儿早期的想象似乎常常还与知觉的过程纠缠在一起，他们经常会用想象来补充他们所感知的事物。

对0～3岁的幼儿来说，不可能的事情是没有的，他们经常会把想象和现实混淆起来。在说话中，经常会出现虚构的成分，往往会夸大事物的某些特征和情节。

2. 想象主题和目的性不稳定

到了3岁的时候，幼儿在想象活动前已经有了初步的目的性，但这个目的往往很不明确。即使在爸爸妈妈的提示下，能在活动之前说出活动的主题，可是这个主题也是不确定的。他们经常会根据随后的行动发生变化，甚至偏离最初所描述的主题，如果幼儿打算画一个太阳，但是当他画了一个圆圈时可能就会改变注意——"画一个大苹果"。

3. 想象内容零散，不追求结果

这个年龄阶段的幼儿，想象内容一天比一天丰富，但内容之间是无意义地联系在一起的。而且，所想象的事物特征也不完整，在画画的时候，他们只会画人物的头、手和脚，没有更多细节方面的内容。这时候，幼儿想象活动的目的是不明确的，主要是满足于想象过程，并不会去追求想象的最终结果。

4. 无意想象为主，没有出现有意想象

这时候，幼儿的想象以无意想象为主，还没有出现有意想象。在活动中，幼儿不会出现有一定目的、一定范围的自由联想，不能够一边想一边做，不能用语言对自己的想象活动进行描述。

5. 想象的内容不符合客观实际

0～3岁的幼儿在进行想象活动时，想象内容之间的联系通常都不太符合客观实际，他们也不能用自己的语言对想象的事物进行客观的描述，想象内容的逻辑性也不强。

6. 想象力的发展是长期的

幼儿想象力的培养和发展不是一蹴而就的，想象力的发展与幼儿的注意力、观察力、记忆力等方面密切相关。爸爸妈妈要根据幼儿的年龄特点采取适合自己幼儿的有效方法，要提供条件丰富幼儿的生活经验，鼓励幼儿充分发挥想象力，引导幼儿把自己的生活经验融入到想象活动中，这样，幼儿的想象力才会一天天丰富起来。

第1节 熟知训练幼儿想象力的重要性

在人类认识世界、改造世界的过程中，想象力发挥着重要的作用。爱因斯坦曾经说过："想象力比知识更重要，因为知识是有限的，而想象力概括着世界上的一切，推动着进步，并且是知识进化的源泉。严格地说，想象力是科学研究的实在因素。"从这个意义上来说，人类的创造性活动无一不是想象的结晶。

一个3岁的幼儿在绘画《太阳公公笑眯眯》中，会将太阳公公画成三角的、扁的、不规则的；会将太阳公公的眼睛画成小圆点、一条线……所有这些，在现实中都是不存在的，是他把自己头脑中储存的太阳、月亮、星星等形象综合加工组合的结果，这就是幼儿的想象力。

蒙台梭利认为，0～3岁是幼儿想象力最丰富的时期。从小培养幼儿的想象力，对幼儿以后的成长是非常重要的！

1. 未来人才培养的需要

没有想象，就不可能有创造发明，也不可能有任何预见。因此，要想发展幼儿的创造性，将幼儿培养成有创造才能的人才，必须注意培养幼儿的想象力。

2. 学习、生活的需要

想象在幼儿的学习、生活中起着非常重要的作用。幼儿不管是听故事，还是欣赏音乐；不管是绘画，还是玩游戏，都离不开想象力的发挥。如果幼儿不懂得拿椅子当"火车"，拿纸片当"车票"，不会扮演"司机""乘客"等角色，就玩不成"开火车"的游戏。

3．感受音乐的需要

幼儿只有借助于想象，才能体会出音乐旋律所表现的事物形象，在头脑中产生一幅幅生动的画面，从而较好地感受和欣赏音乐所表达的内容主题。

由此可见，幼儿想象力的培养，不仅关系幼儿创造性的发展，还关系幼儿新知识的学习，需要特别培养。

第 2 节　了解提升幼儿想象力的方法

一般来说，幼儿在 1 岁之内是没有想象的，1～2 岁会出现想象的因素，2～3 岁想象会有所发展，可还是处在初级阶段。3 岁以后，幼儿的想象也没有预定目的，没有主题……基于这些特点，蒙台梭利认为，可以通过下面的几种途径培养幼儿的想象力。

1. 丰富幼儿的生活

想象是在幼儿大量的生活经验基础上积累起来的，当别人说"橘子"时，你的头脑中会浮现出一个"橘子"的具体形象，这个形象就是表象，幼儿的想象正是依靠表象的积累逐渐发展起来的。

我们要帮助幼儿积累生活经验，帮助他们在头脑中建立表象，研究发现：幼儿表象的积累越多，越容易将相关的表象联系起来，想象力发展得越快。在休息时间，家长要经常带幼儿走向大自然，与社会多接触，丰富幼儿的生活，使他们在头脑中留下更多的表象，为想象的发展打下基础。

2. 给幼儿提供适合的环境

在家中，要提供给幼儿一个良好的环境，帮助幼儿发展想象力。

阅读：可以给幼儿提供一些合适的图书，和幼儿一起分享故事的乐趣，一起想象情节的变化，鼓励幼儿想一想结局怎样。读故事书的时候，可以改变一下读书的方法，读一读，停一停，想一想……给幼儿提供一个吸收和连接已有经验的时间。

做游戏：和幼儿一起游戏也是培养幼儿想象的大好时机。可以鼓励幼儿玩"扮家家"、搭积木等游戏，以此来发展想象力。家长可以积极参与进去，在游戏的过程中和幼儿一起想象："你今天给娃娃做什么饭呀？"……

3. 鼓励幼儿表达自己的想象

要鼓励幼儿大胆地想，还要鼓励幼儿大胆地说。如果幼儿想的是现实中不存在的，却当成真的说出来时，家长不能简单地用一句"瞎说"就将幼儿打发掉，应该仔细问问幼儿到底是怎么回事；是想的，还是真的；帮助幼儿分清哪些是想象的，哪些是真实的。对幼儿提出的问题要尽量地鼓励他："你想想为什么？""你想会是什么样呢？"

4. 引导幼儿合理地幻想

幻想是想象的一个更高的层次，是一种合理的想象。比如，可以引导幼儿想象一下：未来的交通会是什么样？未来的环境会是什么样？合理的幻想是创造的开始，也是想象的最高境界。

第3节 走进幼儿想象力训练游戏大乐园

第一部分 1岁幼儿想象力训练小游戏

1.乌龟爬呀爬

游戏目的：

模仿动物爬行，提高幼儿的想象力。

所需道具：

动物卡片。

跟我一起这样做：

1．客厅里，妈妈拿出乌龟的图片，让幼儿看看。

2．妈妈模仿乌龟的样子爬行，幼儿跟在后面学着爬。

3．妈妈拿出蛇的图片，幼儿认真地看着。

4．幼儿在地上模仿蛇的样子爬起来。

游戏延伸：

引导幼儿一边做动作，一边给幼儿讲，该种小动物是什么样子的，平时喜欢吃什么，生活在哪里等。

游戏提示：

最好选择一块平坦的地面。

爬行的时候，不要太快。

听听专家怎样说：

在幼儿会爬的阶段，可以让幼儿通过爬的游戏来锻炼他们的联想力。家长可以扮成动物，和幼儿一起玩耍。你可以四肢着地，在地板上爬行，发出你会发出的动物叫声，让幼儿来模仿你的样子。

2. 天女散花了

游戏目的：

通过漫天飞舞的鲜艳纸花，丰富幼儿的想象力。

所需道具：

各种颜色的皱纹纸。

跟我一起这样做：

1. 妈妈将皱纹纸撕成一条一条的。

2. 将撕好的条状纸条拿几条放到手里，放在幼儿面前用嘴吹动，一边让纸条飘起来，一边喊："天女散花了。"

3. 幼儿模仿妈妈的动作，一让纸条飞起来，一边喊："天女散花了。"。

游戏延伸：

妈妈可以抱着幼儿，让幼儿去吹纸条，如果幼儿没有吹起来，妈妈要及时把纸条吹上去，然后再让幼儿玩。

当五颜六色的纸条在空中飞舞的时候，妈妈可以给幼儿描绘一个童话世界，或者天女散花的来历。

游戏提示：

妈妈示范具体动作，教幼儿吹。在吹动的时候，动作要尽量明显，让幼儿看清楚和感受到风从嘴里出来的感觉。

为了增加幼儿的自信心，要多赞美幼儿，如果幼儿发不出气流也要多表扬。

听听专家怎样说：

1 岁以内的幼儿主要是通过眼睛、耳朵等感觉器官，来接受外界的各种刺激，获得各种体验的。家长要为他们提供适当的感官刺激，促进他们大脑的发育，让潜能转化为现实能力。

3．图形想象

游戏目的：

通过图形想象，让幼儿学会联想。

所需道具：

一个简单的图形，比如圆形。

跟我一起这样做：

1．床上，妈妈将圆形卡片拿出来。

2．妈妈对幼儿说："这是什么图形？"

幼儿回答说："圆形。"

3．妈妈说："正确！再想想，它像什么？"幼儿回答说："钟表。"

4．妈妈问："还有呢？"幼儿说："顶灯、球……"

游戏延伸：

鼓励幼儿说得越多越好，比如像钟、球、布娃娃的脸、太阳等。

可以给幼儿准备其他的图形，如三角形、正方形等，让幼儿联想。

游戏提示：

在幼儿回答的时候，要对幼儿进行及时的鼓励。

还可以提示幼儿仔细观察，看看家里有哪些东西是圆的。

听听专家怎样说：

　　家长可以提供一些不同形状的图片来让幼儿想象。这样做，不仅可以引导幼儿认识一些形状和事物，还可以引导幼儿学会联想。

4．踩星星

游戏目的：

提高幼儿的想象力。

所需道具：

一个手电筒。

跟我一起这样做：

1. 晚上，家长在院子里打开手电筒，照在地上形成光点。

2. 幼儿试着用脚去踩光点。

游戏延伸：

家长可以随意地调整线路、速度和跨度，幼儿会跟着"星星"走直线、曲线、圆圈，一会儿慢走，一会儿小跑，甚至迈大步……

游戏提示：

踩星星的速度不要过快，以免幼儿摔倒。

听听专家怎样说：

　　手电筒的功能是照明，其实，除了照明的功能外，家庭常备的手电筒可是亲子游戏中重要的道具。父母可以和幼儿一起发挥想象力，给影子做出有创造力的解说。

5. 这是什么

游戏目的：

鼓励幼儿大胆猜测，提高幼儿的想象力。

所需道具：

一个小球、一块积木、一个小奶瓶等。

跟我一起这样做：

1. 沙发上，摆放着一个小球、一块积木和一个小奶瓶。

2. 妈妈让幼儿闭上眼睛。

3. 妈妈将小球放到幼儿的手上，问他：

"这是什么？"幼儿回答说："小球。"

4．接着，妈妈将积木放到幼儿的手上，问幼儿："这是什么？"幼儿回答说："积木。"

游戏延伸：

可以多准备一些物品，比如手电、彩笔盒、油画棒等，让幼儿来猜。

游戏提示：

用这些东西接触幼儿皮肤的时候，最好不要太用力。

如果幼儿不愿意让你将东西放到自己的皮肤上，不要勉强。

🎵 听听专家怎样说：

通常，幼儿都喜欢和妈妈一起玩猜猜看的游戏，可以通过皮肤的接触来吸引幼儿的兴趣，提高幼儿的想象力。

6.手指木偶

游戏目的：

感受手工活动的快乐，提高幼儿的想象力。

所需道具：

剪刀，卡纸，彩笔，双面胶，正方形、长方形卡纸各一张。

跟我一起这样做：

1．妈妈用彩笔在正方形的卡纸上画出娃娃的图形。

2．用剪刀沿线剪下娃娃的形状。

3．用彩笔画上眼睛、耳朵、嘴巴等五官。

4．将另一张长方形的纸卷成和手指差不多的纸筒。

5．用双面胶把娃娃贴到纸筒上。

6．妈妈和幼儿玩手指娃娃游戏，鼓励幼

儿大胆想象。

游戏延伸：

妈妈可以和幼儿一边玩，一边编故事。

游戏提示：

制作的过程中，如果幼儿失去了兴趣，妈妈可以自己做完。然后，将手指娃娃戴到手上，和幼儿玩耍，这样幼儿的兴趣会很容易被激发出来。

听听专家怎样说：

手指木偶是逗幼儿开心的理想玩具，更是扩大幼儿想象力的法宝。

第二部分　2岁幼儿想象力训练小游戏

7.小娃娃生病了

游戏目的：

增强对生活过程的了解，提高幼儿的想象力。

所需道具：

一个小娃娃。

跟我一起这样做：

1．卧室里，幼儿正在和妈妈玩游戏。幼儿扮演布娃娃的妈妈，妈妈扮演医生。

2．幼儿拍着自己的布娃娃说："你怎么这么烫？是不是生病了？"说着，便用手摸了摸布娃娃的脑门："呀！好烫！"

3．幼儿将布娃娃抱到"医院"，医生给娃娃做了诊断——发烧了。

4．幼儿将娃娃抱回家，给娃娃倒水服了退烧药。

5．娃娃睡着了，幼儿陪伴在娃娃的身边，不时地摸一下娃娃的脑门。

游戏延伸：

内容可以丰富一些，比如幼儿给娃娃服药、幼儿带着娃娃上医院、幼儿和医生交流等。

游戏提示：

在正式做游戏之前，可以给幼儿播放一些幼儿生病母亲看护的图片或电视，加深幼儿的情感体验。

🔊 听听专家怎样说：

2岁左右的幼儿可以开始简单的角色扮演了。幼儿通过这样的游戏，可以增强对生活过程的了解，再现自己的生活经验。过家家是一种与儿童智力和认同发展相关的模仿行为，可以满足幼儿模仿成人的需求，发挥其想象力和创造力。

8. 线线线

游戏目的：

提高幼儿的想象力。

所需道具：

泡沫板、彩色图钉。

跟我一起这样做：

1. 客厅里，妈妈和幼儿坐在地板上。
妈妈准备好一块泡沫板和一些彩色图钉。

2. 妈妈拿出彩色图钉，钉在泡沫板上。

3. 妈妈引导幼儿用一根线绕过若干个图钉，构成一幅图案。

4. 幼儿正在妈妈的指导下认真缠绕图钉。

游戏延伸：

幼儿熟练以后，还可以用不同颜色的线，绕成复杂一些的图案。

游戏提示：

在泡沫板上钉上彩色图钉。幼儿年龄越小，图钉间隔距离越大。

听听专家怎样说：

幼儿都喜欢体会细线缠绕在手上的感觉，家长可以在一块泡沫板上钉上一些彩色的图钉，然后让幼儿用一些线绕过若干个图钉，构成图案。这样的游戏，对于提高幼儿的想象力是非常有好处的。

---

9. 撕纸

游戏目的：

鼓励幼儿大胆联想，提高幼儿的想象力。

所需道具：

废纸。

跟我一起这样做：

1. 妈妈和幼儿坐在床上，妈妈拿出一张废报纸，撕出一个圆形，问幼儿："看，这是什么？"幼儿回答说："圆形。"

2. 幼儿来了兴趣，和妈妈一起一条一条撕起来。

游戏延伸：

可以撕出的图形有很多，比如圆形、方形、苹果、香蕉、蛇、鸡蛋、房子等，都可以让幼儿撕出来。

游戏提示：

可以带幼儿参与，并根据撕出的形状，想象出不同的动物，让幼儿从中感受乐趣。

听听专家怎样说：

2 岁的幼儿手部具备了一定的力量，可以让他们做些撕纸游戏。引导他们随意撕出一些不规则的纸条、纸片，帮助幼儿锻炼手腕的活动能力和手指的灵活性。让幼儿从撕纸中发现，凭着自己的小手也能创造出作品来。

10.小桥小桥，过过过

游戏目的：

鼓励幼儿在"小路"上表演各种走姿，激发幼儿的想象力。

所需道具：

塑料地垫若干。

跟我一起这样做：

1. 在一块平坦开阔的空间，妈妈和幼儿用塑料地垫铺成一条小路。

2．妈妈问幼儿："你想想，这条小路像什么？"幼
儿想了想，回答说："像条窄窄的独木桥。"

3．妈妈说："真聪明，现在让我们在塑料
地垫铺成的小路上演示在各种桥上的不同
走姿，好吗？"幼儿回答说："好。"

4．幼儿在桥上演示各种走姿。

游戏延伸：

幼儿可以演示的走路姿势有很
多，比如像婴儿一样，跌跌撞撞地走路；
像幼儿活蹦乱跳地走路；像大人一样，稳健地走路；
像老人一样，蹒跚走路……

妈妈可以和幼儿互换角色，妈妈在"小路"上表演各种走姿。

游戏提示：

用塑料地垫铺路的时候，既可以铺成直直的，也可以铺成弯弯的。

如果幼儿只能做简单的几种走路姿势，想不起其他的种类，妈妈可以给以
及时的引导。

轮到妈妈在"小路"上走路的时候，妈妈的动作可以夸张一点，以引起幼
儿的兴趣。

听听专家怎样说：

幼儿对塑料地垫铺成的小路的想象内容可以很丰富，可以选择一
块空地，用塑料地垫铺条"小路"，鼓励幼儿在"小路"上表演各种
走姿，这种小游戏也能激发幼儿的想象力。

11．自制望远镜

游戏目的：

发展幼儿的想象力。

所需道具：

一张纸。

跟我一起这样做：

1．妈妈准备好一张纸。

2．妈妈引导幼儿将纸卷成圆筒状，当望远镜。

3．教幼儿拿着自制的"望远镜"站在阳台上环视周围的物体。

游戏延伸：

可以找些贴纸来对望远镜进行装饰。

游戏提示：

纸张的颜色最好鲜亮一些。

听听专家怎样说：

2 岁后，幼儿的想象力开始发展，这时期要注意保护和鼓励幼儿的好奇心。可以让幼儿多做一些促进想象力发展的游戏，使他们的大脑受到良好的刺激。这个游戏中，由于有部分视野被遮住，幼儿会对遮挡部位进行想象，提高幼儿的联想力。

12．按节拍做律动

游戏目的：

通过节拍，发展幼儿的想象力。

所需道具：

EVD、童谣 CD。

跟我一起这样做：

1．客厅里，妈妈和幼儿站在 EVD 前面。EVD 里正在播放童谣。

2．妈妈引导幼儿随着节拍做律动。

3．幼儿不停地扭动着自己的身体，做出不同的动作。

游戏延伸：

可以和幼儿一边做律动，一边哼唱童谣和音乐，增加幼儿对音乐的体会。

游戏提示：

选择的童谣或音乐节奏要适度，既不能太快，也不能太慢。

开始的时候，如果幼儿不会做律动，家长可以积极引导，让幼儿模仿。

听听专家怎样说：

　　给幼儿播放童谣的录音时，可以让其随着节拍做律动。幼儿可以根据自己的感受做律动，也可以跟随录音哼唱。这样，不仅可以培养幼儿的节奏感，还有助于提高幼儿的想象力。

13．添一笔

游戏目的：

引导幼儿体会画画的乐趣，发展幼儿的想象力。

所需道具：

红色颜料、颜料盒，彩笔、白纸一张。

跟我一起这样做：

1．妈妈将一部分红色颜料倒入颜料盒，用水
稀释。

2．妈妈用自己的食指蘸取少量颜料，印到
白纸上。

3．妈妈引导幼儿用彩笔在手印画上添
一笔，成为另一幅画。

4．幼儿用红色的彩笔在手印画上添
了一笔，成了一个棒棒糖。

游戏延伸：

可以引导幼儿添加一笔成为不同的画。

摁手印时，可以故意把手印摁得四不像，让幼儿去感受，去想象。

游戏提示：

蘸取颜料的时候，不要太多。

在绘画过程中，家长尽量不要问幼儿准备画什么，让他自己来想象。

在成果展示时，家长不要对作品评头论足，要用积极的态度来肯定幼儿。

🎵 听听专家怎样说：

　　添画是在一幅事先画好的、不完整的图画上，让幼儿展开想象，创造性地在上面添上其他内容，成为一幅完整的作品。如果没有充分的想象力，是很难进行下去的。2岁左右的幼儿特别喜欢画画，这有利于幼儿的思维发展，家长应该给予鼓励和帮助。

14．铅笔可以做什么用

游戏目的：

找一些常见的物品，让幼儿想象它们有什么作用，培养幼儿的发散性和创造性思维。

所需道具：

铅笔。

跟我一起这样做：

1．妈妈和幼儿在桌子边坐着。桌上摆放着铅笔。

2．妈妈拿一支铅笔问幼儿："这是什么？"幼儿回答说："是铅笔。"

3．妈妈问："铅笔有什么作用？"幼儿马上回答："能写字、画画。"

这是什么？有什么作用？

是铅笔，能写字、能画画。

游戏延伸：

还可以拿其他物品来用，比如牙刷、小木棍等，让幼儿联想它们的用途。

游戏提示：

幼儿想得越多越好，比如能敲鼓、能做蚂蚁过河的小桥、能搅拌水、能当小尺用、能支撑小物品等，这些都是具有发散性和创造性的答案。

如果幼儿回答得正确，家长可以加以引导："宝贝真聪明，回答得很对。再想一想，还有什么作用？"

听听专家怎样说：

生活中，很多物品都有助于幼儿的联想。可以选取其中的一些，让幼儿说一下该物品都有哪些作用？这个游戏的目的，就是要通过幼儿常见的铅笔来引发幼儿的联想力。这也是一种培养幼儿扩散性思维和联想的好方法。

第三部分 3岁幼儿想象力训练小游戏

15. 小鸡和小狗的故事

游戏目的：

与幼儿一起编故事，使其联想更敏捷。

所需道具：

无。

跟我一起这样做：

1. 晚上睡觉之前，妈妈和幼儿坐到床上。

2. 妈妈说："有只小鸡出去玩，遇到一只小狗。"幼儿接着说："小狗嘴里叼着骨头。"

3. 妈妈说："小鸡很想吃骨头，眼巴巴地望着小狗。"幼儿接着说："小狗想分骨头给小鸡吃。"

4. 妈妈说："可是，小狗想起了妈妈的话，骨头要给生病的狗爸爸吃……"

游戏延伸：

大人可以引导幼儿发挥无限的联想编故事。

家长可以给幼儿提供适当的场景和人物，让幼儿联想。

游戏提示：

开始的时候，接一句就行，不要太长。太长了，幼儿把握不住故事情节，反而会增加续接的难度，因为幼儿本身要把精力放在续接下一个情节上。

听听专家怎样说：

和幼儿编故事的时候，妈妈可以说一两句，幼儿要接一两句，妈妈再接下去，如此循环。不管故事编得如何，编到哪儿，都不重要，重要的是能接上，逻辑上说得过去。幼儿接得越快，说明思维越敏捷，联想更丰富。

16.不同形态的书

游戏目的：

根据事物的多个角度，引导幼儿去联想。

所需道具：

一本书。

跟我一起这样做：

1.妈妈和幼儿坐在桌子边。桌上放着一本书。

2.妈妈把书立起来，问幼儿："你看看，书的样子像什么？"幼儿回答说："像扇门，像窗子。"

3.妈妈把书放平，接着问："现在，像什么？"幼儿回答说："像豆腐，像大积木，像一栋楼，像一块平地。"

4.妈妈把书打开竖放，再问："现在，像什么？"幼儿回答说："像扇子，像商场的旋转门。"

5.妈妈把书摊开平放，问："这次呢？"幼儿回答说："像张开的两片叶子。"

游戏延伸：

每一种形态，都可以让幼儿多找出几种答案。

可以使用其他的物品，比如茶缸、积木等，和幼儿进行一问一答的游戏，引发幼儿联想。

游戏提示：

从不同视角来比喻有一定的难度，如果幼儿一时答不上，家长可以不断鼓励和启发他，甚至说出你想象出来的东西："你再看看，是不是像……"

听听专家怎样说：

通过观察某种事物，幼儿可以联想到类似这种事物形态的另一种事物。妈妈可以根据事物的多个角度来引导幼儿去比喻和联想。

17. 如果……

游戏目的：

通过增加（减去）或改换事物的一部分来引导幼儿思考，开启其想象思维。

所需道具：

无。

跟我一起这样做：

1．客厅里，妈妈问幼儿："如果一张只能睡两个人的床要睡十个人，会怎么样？"幼儿回答说："会挤下去，会抢被子，会打架。"

2．妈妈问："如果房子没有窗户，会怎么样？"幼儿回答说："会很热，会很黑，会看不到风景。"

如果一张只能睡两个人的床要睡十个人，会怎么样？

会挤下去，会抢被子，会打架。

游戏延伸：

还可以问幼儿"如果天上没有太阳，会怎样？""如果屋子里没有灯，会怎样？""如果没有衣服穿，会怎样？"

游戏提示：

妈妈的问题提得越有趣，幼儿就越愿意去思考和想象，这对幼儿来说，是个快乐的游戏，而不是枯燥的事情。当他们发笑的时候，也就愿意去思考、去想象了。

🎵 **听听专家怎样说：**

3岁的幼儿接触过的事物已经比较多了，家长可以通过增加（减去）或改换事物的一部分来引导幼儿思考，开启他的想象思维。事实证明，做这样的游戏幼儿听了一定会发笑，很乐意地配合你去思考、想象，这对培养幼儿丰富的联想力是非常有利的。

18．橡皮泥苹果

游戏目的：

通过揉、压、卷、捏等动作，塑造各种形象，激发幼儿联想。

所需道具：

红色、绿色橡皮泥。

跟我一起这样做：

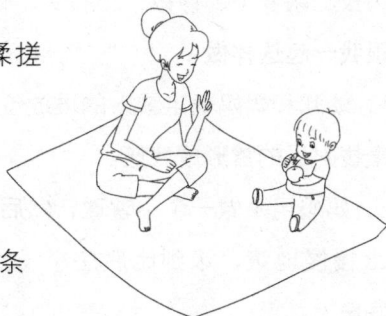

1．妈妈取出一小块红色橡皮泥，揉搓成圆形。

2．引导幼儿在苹果上面扎一个小坑儿。

3．取出一小块绿色橡皮泥，揉搓成条状，做果把儿。

4．引导幼儿将果把儿插到上面的小坑上。

游戏延伸：

可以取其他颜色的橡皮泥，做一个红苹果。

可以引导幼儿做一些香蕉、鸭梨之类的水果。

可以用橡皮泥制作一些东西，比如饺子、馒头、鲜花等。

游戏提示：

幼儿刚开始学时，可以先做一些简单的造型，比如面条、筷子、皮球、饼干等。稍大一点，可以教他们学捏胡萝卜、麻花、糖葫芦、小兔、小鸭、苹果、柿子、飞机、坦克等复杂的造型。

听听专家怎样说：

3岁幼儿的想象是很丰富的，他们倾向于给事物加上自己的想象，一边用手做一边联想，有时还会利用模具玩橡皮泥，这样乐趣十足。如果家长给予及时的引导，幼儿的联想力必然会得到提升。

19. 堆雪人

游戏目的：

通过堆雪人来拓展幼儿的想象力。

所需道具：

树枝、胡萝卜、铁锹、小石头、帽子、围巾、太阳镜等。

跟我一起这样做：

1．幼儿和妈妈确定雪人的堆放位置后，聚拢附近的雪形成底座。

2．妈妈用手做一个小雪球，然后放在地上慢慢地滚，滚到比底座小一点，放到底座上。

3．再滚一个雪球作为雪人的头。

4．用雪在三个部分的结合处填充，让它们粘在一起。

5．用石头做它的眼睛，用不同形态的小树枝充当嘴巴，用胡萝卜做鼻子。

6．到附近找些小石块贴到身子部分作为纽扣。

7．找 2 根树枝做它的手，插进身子的左右两侧就可以了。

8．最后再装饰一下，给它戴上帽子、围巾、手套、太阳眼镜等，全副武装起来。

游戏延伸：

可以把雪人堆到盆里，变成移动型雪人。如果堆在盆里，不要堆太大，除非你是大力士。

游戏提示：

幼儿在嬉戏时往往早已把父母的叮嘱抛在了脑后，因此，父母必须懂得一些冻伤的知识和紧急处理方法。

🎙️ **听听专家怎样说**：

在冬季寒冷的北方地区，下雪天可以让幼儿用雪堆塑成各种形象，比如，雪人、雪山、雪屋、雪船等。堆雪人是下雪天才能进行的一项有趣的活动。将洁白的雪堆，制成一个人形的艺术品，不仅供于观赏，还能训练手艺、锻炼身体，拓展幼儿的想象力。

20. 吹一吹，猜一猜

游戏目的：

引导幼儿体会吹画的乐趣，引发幼儿的想象力。

所需道具：

光滑的桌子一张、清水一杯。

跟我一起这样做：

1. 妈妈将桌子收拾干净。

2. 妈妈在上面倒少量的清水，让幼儿观察像什么。

3. 妈妈一边吹桌子上的水，一边问幼儿像什么。

4. 妈妈用手指弹水，变出一个太阳来。

游戏延伸：

可以巧妙地吹出不同的样子，比如太阳、月亮、枕头等。

吹画时，可以故意把画吹得模棱两可，什么都像，也什么都不像，让幼儿去感受，去想象。

游戏提示：

倒在桌面上的水，不要太多，避免流到地上。

吹和弹都可以让幼儿自己做。

吹的时候，力量要适度。

21. 主人公会怎样

游戏目的:

让幼儿将自己的想象和别人的想象做对比，发展幼儿的想象力。

所需道具:

一个故事本。

跟我一起这样做:

1. 卧室里，妈妈给幼儿讲故事——《小木偶出走了》，讲到小木偶离家出走的时候，问幼儿："小木偶为什么会离开小白兔？"

2. 幼儿回答说："他不喜欢小白兔了。"

3. 妈妈继续讲故事，原来，是因为小白兔从来都不给小木偶洗澡，小木偶生气了，所以便离开了他。

4. 妈妈继续讲下去。这样边停边讲，直至讲完。

游戏延伸:

妈妈可以和幼儿讨论，自己的答案是否合理，然后和原故事进行对比。

可以把幼儿编的故事组合起来，一起写成一个新故事。

游戏提示:

选择的故事最好是幼儿喜欢的类型，这样可以调动起他续编故事的积极性。

和幼儿一起续编时，要让幼儿先说，以免幼儿模仿家长的思路。

在讲故事时，不要强调书上编得是最好的，要多肯定幼儿，增强他的自信心。

> 听听专家怎样说：
>
> 创造条件让幼儿听、讲、编故事，可以发展幼儿的语言和联想能力。我们要充分调动幼儿在学习中的主动性和积极性，肯定幼儿的每一点进步，创造机会和条件让幼儿充分练习。

22．认识日期和时间

游戏目的：

让幼儿认识日期和时间，引发幼儿的想象力。

所需道具：

日历。

跟我一起这样做：

1．床上，妈妈手拿一本日历，和幼儿坐在一起。

2．妈妈告诉幼儿，这叫日历。

3．妈妈翻开 6 月 1 日这一页，对幼儿说："这是 6 月 1 日，是儿童节，是你们的节日。想一想，那一天，妈妈带你去了哪里？"

4．幼儿想了想，回答说："去了科技馆……"

游戏延伸：

可以翻开 5 月 1 日，让幼儿想象，爸爸在这一天会做什么？在中秋节这一天，家人会做什么？在元旦这一天，爸爸妈妈会带自己去哪里？让幼儿积极回答。

游戏提示：

带幼儿查看日期时，最好选择最近的节日，这样容易让幼儿回忆起来。间隔的时间太长，不利于幼儿回忆。

如果幼儿一时回想不起来，可以给幼儿做一些提示。

> 🎙 **听听专家怎样说：**
>
> 在日常生活中，可以教幼儿建立日期和时间的概念。比如，和幼儿说："今天是6月1日，儿童节，是儿童的节日。妈妈带我去……"这样，在掌握抽象的时间概念的过程中，幼儿需要回忆过去的事情，想象将要发生的事情，增强幼儿的想象力。

23.看画册

游戏目的：

提高幼儿的想象力，增加词汇量，很好地促进亲子感情。

所需道具：

画册一本。

跟我一起这样做：

1. 床上，妈妈手拿一本画册，和幼儿坐在一起。

2. 妈妈翻开其中的一页，告诉幼儿这是长颈鹿。

3. 妈妈问幼儿："长颈鹿有没有角？它喜欢吃什么？平时，怎样睡觉？"等。

4. 幼儿想了想，回答说："有两只角，喜欢吃草……"

游戏延伸：

可以多问一些关于长颈鹿的问题，如果幼儿回答不上来，可以和幼儿一起查找资料。为了让幼儿加深体验，可以利用空闲时间带幼儿去动物园观察

长颈鹿。

选择的图片内容可以多样化，比如水果、风景等，引导幼儿积极回答，引发联想。

游戏提示：

向幼儿提问的时候，如果幼儿一时回答不上来，可以给幼儿提示一下。

给幼儿提供的图片内容，最好是幼儿熟悉的，否则很容易挫伤他们的积极性。

> **听听专家怎样说：**
>
> 爸爸妈妈经常和幼儿一起看画册，不仅可以提高幼儿的表达能力和想象力，增加词汇量，而且可以很好地促进亲子感情。家长可以准备一本幼儿喜欢的画册，和幼儿一起看。

24.跳彩格

游戏目的：

提高幼儿对色彩的感知能力，提高幼儿的想象力。

所需道具：

颜色各异的彩色地垫若干。

跟我一起这样做：

1. 客厅里，将颜色各异的彩色地垫，按照一定的间距铺在地上。

2. 让幼儿按照你的指令，在不同颜色的地垫上跳来跳去。比如，你说红色，幼儿就跳到红色的地垫；你说绿色，幼儿就跳到绿色的地垫。

游戏延伸：

可以一次多说几种颜色，让幼儿连续跳跃。

可以让幼儿一边跳，一边将地垫的颜色说出来。

 **听听专家怎样说：**

　　跳格子是幼儿喜欢的一种游戏，这不仅有利于提高幼儿对色彩的感知能力，还可以提高幼儿的想象力。家长可以将颜色各异的小块彩色纸或彩色地垫，按照一定的间距铺在地上，然后让幼儿按照你的指令，在不同颜色的纸上或地垫上跳来跳去。

25. 折纸

游戏目的：

通过折纸，提高幼儿的想象力。

所需道具：

颜色各异的正方形彩纸。

跟我一起这样做：

1. 幼儿和妈妈坐在桌子边，桌上摆放好颜色各异的彩纸。

2. 妈妈拿起一张彩纸，将基本的折叠方法教给幼儿，边和边对折、角和角对齐等。

3. 妈妈带着幼儿叠出一种物品，问幼儿："这像什么？"幼儿回答说："飞机。"

游戏延伸：

可以让幼儿用彩笔给小飞机添加上花纹。

可以多问几个关于小飞机的问题，比如，你坐过飞机吗？飞机通常出现在哪里？

游戏提示：

教幼儿折叠的时候，如果幼儿跟不上，可以放慢速度。

如果幼儿叠到一半失去了兴趣，可以先放到一边，过一段时间，再和幼儿玩这个游戏。

向幼儿提问的时候，如果幼儿一时回答不上来，可以给幼儿提示一下。

听听专家怎样说：

叠纸时，纸的形状会不断地发生变化，这有利于提高幼儿的想象力和推理能力。家长要充分利用叠纸的游戏，激发幼儿的联想力。

26. 给娃娃穿衣服

游戏目的：

引导幼儿将吃饭、穿衣等技能迁移到游戏中去，进行想象和再创造。

所需道具：

一个小娃娃、一些简单的小衣服。

跟我一起这样做：

1. 幼儿和妈妈坐在床边，床上躺着一个没有穿衣服的小娃娃，衣服放在一边。

2. 妈妈对幼儿说："时间到了，快起床吧！"幼儿将小娃娃抱起来，轻轻用手拍拍。

3. 妈妈说："快穿衣服，小心着凉。"幼儿将一件件的小衣服穿到小娃娃的身上。

4. 衣服穿好了，幼儿露出了笑容。

游戏延伸：

可以引导幼儿玩过家家，比如小娃娃生病了、小娃娃要上幼儿园了等，引发幼儿联想。

游戏提示：

幼儿在给小娃娃穿衣服的时候，如果遇到困难，家长最好不要全权代替，可以给幼儿一些引导，鼓励他尝试着去做。

不管幼儿如何给娃娃搭配衣服，都要给予积极的鼓励，不要用成人的眼光来看待幼儿的成绩。

> **听听专家怎样说：**
>
> 给小娃娃洗手、吃饭、穿衣服……通过小游戏，让幼儿自己动手操作，既可以积累生活经验，也可以锻炼头脑。在积累日常生活经验的过程中，幼儿不仅可以领悟自身的价值和作用，还能将这些经验和技能迁移到游戏中去，提高想象力。

28. 给妈妈讲讲今天的故事

游戏目的：

提高语言表达能力，锻炼幼儿的想象力。

所需道具：

无。

跟我一起这样做：

1. 妈妈和幼儿坐在床上，妈妈问："今天，你和奶奶去哪里了？"幼儿回答："公园。"

2. 妈妈问："遇到谁了？"幼儿回答："星星。"

3. 妈妈问："你们一起玩了吗。"幼儿回答："我们一起看小蚂蚁了。"

4. 妈妈问："是一只，还是一群？"幼儿回答："一群……"

游戏延伸：

这个游戏中，妈妈可以问幼儿很多问题，比如去哪里了、干什么去了、和谁玩了等。只要幼儿能够回答出来即可。

游戏提示：

如果幼儿一时想不起来，或者表达不清楚，家长都可以给予及时的提醒，引导幼儿多说。

> 🎙️ **听听专家怎样说：**
>
> 家长可以让幼儿讲一讲，今天看到了什么，和谁玩了，爸爸妈妈去了哪里等。为了将事情表达清楚，幼儿需要在头脑里构想所要讲述的内容，想象事情发生的场面和情景。这不仅可以提高语言表达能力，还可以锻炼幼儿的想象力。

29. 蒙着眼睛猜声音

游戏目的：

提高注意力，发展幼儿的想象力。

所需道具：

一条纱巾。

跟我一起这样做：

1. 客厅里，妈妈先用一条纱巾将幼儿的眼睛蒙上。

2. 妈妈在旁边拍拍手，让幼儿猜。幼儿回答说："是拍手声。"

3. 妈妈在旁边跺脚，让幼儿猜。幼儿回答说："是跺脚的声音。"

游戏延伸：

这个游戏中，妈妈可以让幼儿辨别不同的声音，比如，摇铃铛的声音。

游戏提示：

如果幼儿一时想不起来，或者表达不清楚，家长可以给予及时的提醒，引导幼儿大胆地猜。

在猜声音的过程中，幼儿的推理能力和想象力可以得到发展，而且对提高注意力也有帮助。可以用一条纱巾将幼儿的眼睛蒙上，然后在旁边发出一定的声响让幼儿猜，比如拍手的声音、跺脚的声音、摇铃铛的声音等，看幼儿能猜对多少。

30. 未来的飞机是什么样子的

游戏目的：

提出开放性的问题，给幼儿想象的空间，发展幼儿的想象力。

所需道具：

无。

跟我一起这样做：

1. 妈妈陪喜欢飞机的幼儿去看飞机模型展览。

2. 在回家的路上，妈妈问幼儿："你能想象未来的飞机是什么样子吗？"幼儿回答说："很小巧。"

3. 妈妈接着问："如果以后让你造飞机，你会造出什么样的飞机？"幼儿说："是这样的。"幼儿一边说，一边做飞机状，快速飞行。

游戏延伸：

家长还可以问幼儿："下雪天房子外面会变成什么样子？"幼儿根据其想象描述。

反过来，幼儿也可以问家长："下雨天的户外是什么样子？"诸如此类的问题有许多。

游戏提示：

幼儿的想象和言语表达水平会有差别，家长要引导他们学会表述。

听听专家怎样说：

开放性提问可以丰富幼儿的想象力，可以多给幼儿提一些开放性的问题，给幼儿想象的空间。

31．我是小小邮递员

游戏目的：

通过做游戏，发展幼儿的想象力。

所需道具：

包裹、小汽车。

跟我一起这样做：

1．幼儿开着自己的小汽车，扮演邮递员。

2．幼儿来到妈妈的房间，妈妈递给他一个小"包裹"，说："快递到爸爸的房间。"

3．幼儿将包裹送到爸爸的房间，爸爸签收，说声："谢谢！"

游戏延伸：

可以和幼儿玩"开公共汽车""开商店""娃娃家"等游戏，让幼儿扮演司机、售货员和家长等角色。

游戏提示：

在游戏中，家长应作为一个主动的参与者和合作者，与幼儿共同游戏。

听听专家怎样说：

幼儿的角色游戏可以使幼儿通过模仿进行想象并扮演各种人物角色，创造性地反映现实生活。在做"开公共汽车""开商店""娃娃家"等游戏时，幼儿扮演司机、售货员和家长等角色的过程就是通过想象在重现现实生活。

32. 叶子可以做什么

游戏目的：

充分启发幼儿的想象力和创造力，提高幼儿的联想思维能力。

所需道具：

落叶。

跟我一起这样做：

1. 妈妈将收集的落叶拿出来，擦洗干净后和幼儿一起欣赏并讨论它们的形状。

2. 妈妈拿着叶子问幼儿："××说一说这些叶子可以用来做什么呢？"

3. 幼儿回答说："叶子可以用来做书签、肥料、拼图等。"

4. 引起幼儿的兴趣后，妈妈鼓励幼儿自己动手将和叶子有关的创意表现出来，如拼出金鱼的造型等。

游戏延伸：

将树叶稍稍加工，可以制作成金鱼、水草，不仅材料简单易得，还能充分启发幼儿的想象力和创造力，提高幼儿的联想思维能力。

游戏提示：

幼儿刚开始时不能很顺利地说出叶子的作用，妈妈可以提示并示范。

玩这个游戏时，妈妈要提醒幼儿爱护植物，不随便摘叶子。

听听专家怎样说：

叶子可以做很多东西，比如书签、肥料、拼图等。将树叶稍稍加工则可以制作成金鱼、水草，不仅材料简单易得，还能充分启发幼儿的想象力和创造力，提高幼儿的联想思维能力。

33．一只猫的故事

游戏目的：

鼓励幼儿大胆联想，激发幼儿的想象力。

所需道具：

无。

跟我一起这样做：

1．幼儿和妈妈在外面散步的时候，在墙角遇到一只猫。

2．妈妈对幼儿说："看，小猫咪！"幼儿顺着妈妈手指的方向，回答说："多可爱啊！"

3．妈妈和幼儿一起走过去，蹲下身子，问幼儿："小猫咪的妈妈呢？"幼儿回答："是不是回去做饭了？"

4．妈妈说："嗯，可能是。他们打算做什么饭呢？"幼儿回答说："西红柿炒鸡蛋。"

5．妈妈说："是，这道菜不错。"幼儿说："我最喜欢吃西红柿炒鸡蛋了，小猫咪一定也喜欢吃！"

游戏延伸：

故事还可以延续，妈妈可以问很多的问题，比如小猫咪的妈妈怎么还不来？是不是想多做几道菜？看，猫妈妈来了，是不是来叫小猫咪吃饭了？它们怎么还不走啊，饭菜凉了怎么办？……鼓励幼儿回答。

游戏提示：

妈妈问出一个问题，可以让幼儿多回答几个方面。

如果幼儿一时想不起来，可以稍微引导一下。

> **听听专家怎样说：**
>
> 　　幼儿看到什么，就联想什么，可以开放幼儿的心灵，放松他们的大脑。在生活中，不管遇到什么事物，都可以通过这种方式来引导幼儿，从而促使他们的联想力得到提高。

34. 长方形积木像什么

游戏目的：

鼓励幼儿想象画面，提高幼儿的想象力。

所需道具：

一块长方形积木。

跟我一起这样做：

1. 幼儿和妈妈坐在客厅的地板上，妈妈拿着一块长方形积木问幼儿："你看这块积木，像不像方蛋糕？"幼儿说："像，昨天我们吃过。"

2. 妈妈问："你看看，还像什么？"幼儿看了看，回答说："像框架，放相片的那种。"幼儿一边说，一边用小手指了指放在桌上的全家福。

3. 妈妈接着问："再看看，还像什么？"幼儿环顾四周，说："像鞋架。"妈妈说："真聪明！"

游戏延伸：

游戏还可以延续，幼儿可以回答出很多种答案，比如书架、床、凳子、沙发面等。

还可以用其他东西引发幼儿联想，比如圆形、正方形、椭圆形等。

游戏提示：

回答问题的时候，尽量让幼儿想象。如果幼儿一时想象不出来，可以让幼儿在屋子里转转，观察一下，或许就会找到答案。

听听专家怎样说：

生活中，可以和幼儿玩一些类似于"像……"的游戏，从而激发幼儿的联想力，提高想象力。

35.我们一起编故事

游戏目的：

鼓励幼儿编故事，提高幼儿的想象力。

所需道具：

几张卡片：花生米、幼儿、风、老奶奶。

跟我一起这样做：

1. 幼儿和妈妈坐在客厅的地板上，妈妈拿着几张卡片：花生米、幼儿、风、老奶奶。妈妈说："让我们用这几张卡片来编故事吧。"幼儿回答说："好！"

你看，老奶奶种了一些花生米，在风姑娘的吹佛下，花生米成熟了。老奶奶，炒些花生米给幼儿吃。

幼儿想吃花生米，可是一阵大风将花生米吹走了，老奶奶急忙追了出去。

2. 妈妈按照老奶奶、花生米、风、幼儿的顺序将这几张卡片摆好，说："你看，老奶奶种了一些花生米，在风姑娘的吹拂下，花生米成熟了。老奶奶，炒些花生米给幼儿吃。"

3. 幼儿想了想，将卡片重新摆放：幼儿、花生米、风、老奶奶。幼儿说："幼儿想吃花生米，可是一阵大风将花生米吹走了，老奶奶急忙追了出去。"

4. 听了幼儿的表述，妈妈夸奖说："真棒！"

游戏延伸：

故事还可以延续，可以让幼儿将这些卡片重新组合。

可以再增加一些卡片，让幼儿联想。

游戏提示：

幼儿想象出来的答案，不管多么不切实际，也要给予鼓励，因为这是他们想象的结果。

平时，家长可以随便说出几种东西，然后与幼儿一起编故事，比如猎人、兔子、金钥匙、红狐狸……还可以拿幼儿的一些识字卡片，按照上面的例子进行排列组合、编故事。这种游戏，可以充分调动起幼儿联想的积极性，有利于幼儿联想力的提高。

36.白云朵朵飘

游戏目的：

鼓励幼儿大胆联想，提高幼儿的想象力。

所需道具：

无。

跟我一起这样做：

1. 外出游玩的时候，选一块空地坐下来。看着天边飘过的白云，妈妈说："看，这些白云在走。"幼儿抬头看了看，说："是啊！"

2. 妈妈说："你看那块白云，像不像小白兔？"幼儿看了看，回答说："像。"

3. 幼儿来了兴趣，一边指着，一边说："看，那块白云像棉花糖。"妈妈看了看；"是啊！比我们前几天吃过的，还要大。"

4. 幼儿伸出自己的双臂，做出一个将"棉花糖"抱住的姿势："我想吃！"说着，说着，便大口大口咬起来。妈妈看着幼儿的样子，笑了。

游戏延伸：

天上的白云有很多，每个白云都有自己的故事，可以让幼儿多想想。

游戏提示：

如果幼儿一时想不出来，可以提醒一下。

幼儿想象出来的答案，不管多么不切实际，也要给予鼓励，因为这是他们想象的结果。

听听专家怎样说：

云是大自然的产物，是想象的绝妙材料。家长带幼儿外出的时候，可以边行走，边看云，边想象，边快乐。

37. 如果……

游戏目的：

鼓励幼儿大胆联想，提高幼儿的想象力。

所需道具：

无。

跟我一起这样做：

1. 妈妈和幼儿坐在床上，妈妈问幼儿："如果没有水了，世界会怎么样？"幼儿回答说："都渴死了呗！"

2. 妈妈接着问："如果人长三只眼睛，会怎么样？"幼儿回答说："不就成了二郎神了！威力无边，想要火车有火车，想要汽车有汽车……想要吃汉堡包，就有汉堡包……"

3. 妈妈呵呵一笑说："如果人也能飞，会怎么样？"幼儿回答说："我就能像小鸟一样飞了，想去姥姥家也不用坐火车了，直接飞过去了。"

游戏延伸：

可以联想的内容有很多，比如如果没有了公交车，会怎样？如果没有了房子，会怎样？如果没有黑夜，会怎样？如果生活在北极，会怎样？如果没有了床，会怎样……很多很多，都可以问幼儿。

游戏提示：

如果幼儿一时想不起来，可以提醒一下。

"如果"本来就是用来假设的，假设就是一种想象，家长可以和幼儿一起尝试"如果"的想象，比如"如果没有水了，世界会怎么样？""如果人长三只眼睛，会怎么样？""如果人也能飞，会怎么样？"从而引发幼儿联想。

38. 蒲扇成人脸

游戏目的：

训练幼儿手、眼、脑等的配合，提高幼儿的想象力。

所需道具：

软硬各异、薄厚不同的纸张，双面胶。

跟我一起这样做：

1. 妈妈和幼儿坐在床上，妈妈拿出一张黑色的纸，引导幼儿用剪刀剪成眉毛和眼睛的样子。

2. 拿出一张红色的纸张，让幼儿剪成嘴的样子。

3. 取黄色的纸，剪出鼻子和耳朵。

4. 引导幼儿用双面胶将不同的五官贴到蒲扇上。

游戏延伸：

可以剪的图形有很多，还可以剪出头发、帽子、眼镜、耳环等，然后对蒲扇进行装饰。

游戏提示：

带幼儿观察生活中的实物，这样才能让他有想象空间。如果幼儿之前接受过简笔画、蒙纸画或者填色画等训练，最好还是别让他受之束缚，而要鼓励他坚持独立创作。

听听专家怎样说：

　　幼儿3岁的时候，已经能够使用安全剪刀和胶棒，通过剪剪贴贴，创造出更为复杂的图像了。可以让幼儿对比较熟悉的人或物进行创作添加，比如把蒲扇想象成人脸，给它粘贴上五官。事实证明，这种游戏对于提高幼儿的联想力是非常有效的。

39. 变换的纸筒

游戏目的：

通过空间的造型，展现更加丰富的情节，提高幼儿的想象力。

所需道具：

一个纸筒。

跟我一起这样做：

1. 妈妈和幼儿坐在桌子边，桌上放着一个纸筒。

2. 妈妈说："如果将这个纸筒，加上一个底，就是一只杯子。"幼儿说："对。"

3. 妈妈让幼儿再想想，还可以变成什么。幼儿想了想，说："加上一个把手，就是喇叭。"说着，便比划起来。

4. 妈妈肯定了幼儿的想象，幼儿受到鼓舞，想了想说："再加上一个纸筒，就是望远镜。"……

游戏延伸：

可以变化的图形有很多，可以当笔筒用，可以当作收纳盒等。

游戏提示：

带幼儿观察生活中的实物，这样才能让他有想象空间。

40. 牙签长城

游戏目的：

拓展幼儿的想象力。

所需道具：

一大把牙签、一块平整的泡沫板。

跟我一起这样做：

1. 客厅的桌子上，摆放着一大把牙签和一块平整的泡沫板，妈妈和幼儿坐在两边。

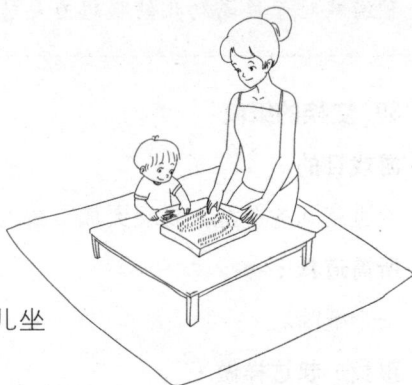

2. 妈妈将牙签一根挨一根地扎入板子，并保证直立和深度一致。

3. 牙签扎完一半左右，以平行的等同距离，按照同样的走向再扎一列，长度和牙签根数与第一列等同。

游戏延伸：

如果幼儿有创造能力，可以鼓励他"造"城垛和烽火台。

游戏提示：

牙签之间的距离不要超出牙签长度，走向可以任意弯曲变化，模拟出长城的蜿蜒逶迤之气势。

41. 连点成线

游戏目的：

提高幼儿的想象力，提高他们的思维发散性。

所需道具：

一张纸、一支笔。

跟我一起这样做：

1. 桌子上，放着一张纸和一支笔。

2. 妈妈用笔在纸上任意画出三个点，说："现在，你能将其中的两个点连成一条直线吗？"

3. 幼儿用笔将其中的每两个点连接起来。

游戏延伸：

可以在纸上画上四个点、五个点，让幼儿来连接。

游戏提示：

开始的时候，如果幼儿不能将其中的两点连接成直线，或者线条歪歪扭扭，也不要太在意，重要的是，幼儿有兴趣。

听听专家怎样说：

两个点之间只有一种连接的可能，三个点之间有三种连接可能……点越多，可能性越多，幼儿会因为不能穷尽而乐此不疲。幼儿可以用连点成线的游戏来开发空间定位能力，发展他们的想象力，提高他们的思维发散性。

42. 穿洞洞

游戏目的：

激发他们更大的兴趣，提高幼儿的想象力。

所需道具：

一块硬纸板、一个钉子、一根细绳。

跟我一起这样做：

1. 客厅里，幼儿和妈妈一起坐在桌子边。桌上摆放着一块硬纸板和一个钉子。

2. 妈妈拿起钉子，在纸板上打上一些孔。

3. 妈妈引导幼儿拿起细绳从小孔上穿过。

4. 幼儿正在认真地将细绳从小孔上一个个地穿过去。

游戏延伸：

打孔的时候要有所设计，而且要花一番心思巧妙设计，让幼儿穿过去的绳子，能构成不同的图形。

可以给幼儿不同颜色的绳子，以激发他们更大的兴趣，创造出更多种玩法。

游戏提示：

拿一块硬纸板，在上面打上许多孔，大小以细绳能够穿过为宜。

听听专家怎样说：

穿洞洞是一个提高幼儿想象力的好方法。家长只要拿一块硬纸板，在上面打上许多孔，就可以了。也可以给幼儿提供不同颜色的绳子，以激发他们更大的兴趣，创造出更多种玩法。

43. 豆子拼图

游戏目的：

提高幼儿的想象力，体会成功的喜悦。

所需道具：

赤豆、绿豆、黄豆各一把，一瓶胶水，一张纸板，一支笔。

跟我一起这样做：

1．客厅里，妈妈和幼儿坐在桌子边。桌上摆放着一堆豆子、一瓶胶水、一张纸板、一支笔。

2．妈妈拿起笔，在纸板上画出一只蝴蝶的轮廓。

3．妈妈引导幼儿将胶水沿着蝴蝶的轮廓涂一圈。

4．幼儿学着妈妈的样子，将各种颜色的豆子粘到有胶水的位置上。

游戏延伸：

可以拿出一本图画书，让幼儿照着拼出某个自己感兴趣的图案。

游戏提示：

涂胶水的时候，量不能太多。

粘贴豆子的时候，各种不同颜色的豆子最好粘贴得规律一些。

听听专家怎样说：

豆子是一种生活中常见的粮食，其实，也可以用豆子来和幼儿做游戏，比如，做个豆子拼图。只要让幼儿将豆子粘贴到一块纸板上就可以了。

44．影子游戏

游戏目的：

通过影子游戏，提高幼儿的想象力。

所需道具：

一个手电筒。

跟我一起这样做：

1．晚上，爸爸打开手电筒，让手电筒的光照在手上。

2．妈妈用双手做出各种姿势，在墙上显示出各种动物形状的影子。比如小狗、孔雀、螃蟹。

3．每做一个影子，妈妈都要让幼儿猜猜是什么，幼儿不停地说着答案："小狗、孔雀、螃蟹。"

游戏延伸：

鼓励幼儿尝试做出各种动物影子让父母猜。

游戏提示：

做游戏时要角色互换，鼓励幼儿发挥想象力。

听听专家怎样说：

一提起手电筒，我们自然想到是照明。其实，除了照明的功能外，手电筒还是亲子游戏中重要的道具。父母可以和幼儿一起发挥想象力，给影子做出有创造力的解说。

45．种小树

游戏目的：

通过种小树的游戏，让幼儿想象一棵树的生长过程，锻炼幼儿的观察力。

所需道具：

无。

跟我一起这样做：

浇浇水

1．家长扮演农夫，幼儿扮演种子。

2．农夫耕地，把种子种在土地上，并浇水。

3．种子慢慢发芽，长出小树苗，长成大树。

4．大树结了好多果实，农夫来采摘。

游戏延伸：

让幼儿说出如何破土，什么样的树枝，什么样的叶子等，让幼儿在游

戏过程中自己发挥想象。

游戏提示：

游戏中，最好准备好充分的道具，例如玩具果实、绿色的衣服等，让幼儿有更投入的感受。

听听专家怎样说：

这种种小树的游戏，可以让幼儿想象一棵树的生长过程，从而锻炼幼儿的想象力。

46．苹果里的星星

游戏目的：

引导幼儿联想，提高幼儿的想象力。

所需道具：

一个苹果、一把小刀。

跟我一起这样做：

1．桌子上，摆放着一个苹果和一把小刀。

2．妈妈拿起小刀沿着苹果的腰部横切，出现了一个果心。

像一颗星星

3．妈妈问幼儿："看一下，里面的种子是如何排列的。像什么形状？" 幼儿回答说："像一颗星星。"

4．引导幼儿将所有的种子从果心中拿出，数一下共几个。

游戏延伸：

可以用笔在纸板上画一个苹果，让幼儿将种子粘到苹果中心。

游戏提示：

使用刀子的时候，注意安全。

47. 讲故事

游戏目的：

扮演不同的人物角色，提高幼儿想象力。

所需道具：

一本故事书。

大灰狼

跟我一起这样做：

1. 卧室，妈妈正在给幼儿讲故事——《小红帽》。

2. 当小红帽说话时，妈妈使用比较细嫩的声音。

3. 当大灰狼在说话时，妈妈使用粗重的声音。

4. 幼儿看着妈妈，呵呵地笑起来。

游戏延伸：

如果幼儿喜欢，可以让幼儿扮演一个角色。

游戏提示：

讲故事的时候，为了生动形象，可以配合不同的肢体动作，从而激发幼儿的兴趣。